Idun

Asin des Weltenbaumes und Nuß-Göttin
Apfel-Spenderin und Asen-Verjüngende

Band 25 der Reihe „Die Götter der Germanen"

Bücher von Harry Eilenstein:

- Astrologie (496 S.)
- Photo-Astrologie (64 S.)
- Tarot (104 S.)
- Handbuch für Zauberlehrlinge (408 S.)
- Physik und Magie (184 S.)
- Der Lebenskraftkörper (230 S.)
- Die Chakren (100 S.)
- Meditation (140 S.)
- Drachenfeuer (124 S.)
- Krafttiere – Tiergöttinnen – Tiertänze (112 S.)
- Schwitzhütten (524 S.)
- Totempfähle (440 S.)
- Muttergöttin und Schamanen (168 S.)
- Göbekli Tepe (472 S.)
- Hathor und Re:
    Band 1: Götter und Mythen im Alten Ägypten (432 S.)
    Band 2: Die altägyptische Religion – Ursprünge, Kult und Magie (396 S.)
- Isis (508 S.)
- Die Entwicklung der indogermanischen Religionen (700 S.)
- Wurzeln und Zweige der indogermanischen Religion (224 S.)
- Der Kessel von Gundestrup (220 S.)
- Cernunnos (690 S.)
- Christus (60 S.)
- Odin (300 S.)
- Die Götter der Germanen (Band 1 – 80)
- Dakini (80 S.)
- Kursus der praktischen Kabbala (150 S.)
- Eltern der Erde (450 S.)
- Blüten des Lebensbaumes:
    Band 1: Die Struktur des kabbalistischen Lebensbaumes (370 S.)
    Band 2: Der kabbalistische Lebensbaum als Forschungshilfsmittel (580 S.)
    Band 3: Der kabbalistische Lebensbaum als spirituelle Landkarte (520 S.)
- Über die Freude (100 S.)
- Das Geheimnis des inneren Friedens (252 S.)
- Von innerer Fülle zu äußerem Gedeihen (52 S.)
- Das Beziehungsmandala (52 S.)
- Die Symbolik der Krankheiten (76 S.)

Kontakt: www.HarryEilenstein.de / Harry.Eilenstein@web.de
Impressum: Copyright: 2011 by Harry Eilenstein – Alle Rechte, insbesondere auch das der Übersetzung, vorbehalten. Kein Teil des Buches darf ohne schriftliche Genehmigung des Autors und des Verlages (nicht als Fotokopie, Mikrofilm, auf elektronischen Datenträgern oder im Internet) reproduziert, übersetzt, gespeichert oder verbreitet werden.
Herstellung und Verlag: BoD - Books on Demand, Norderstedt
ISBN: 9783743138247

Die Themen der einzelnen Bände der Reihe „Die Götter der Germanen"

1. Die Entwicklung der germanischen Religion
2. Lexikon der germanischen Religion
3. Der ursprüngliche Göttervater Tyr
4. Tyr in der Unterwelt: der Schmied Wieland
5. Tyr in der Unterwelt: der Riesenkönig   Teil 1
6. Tyr in der Unterwelt: der Riesenkönig   Teil 2
7. Tyr in der Unterwelt: der Zwergenkönig
8. Der Himmelswächter Heimdall
9. Der Sommergott Baldur
10. Der Meeresgott: Ägir, Hler und Njörd
11. Der Eibengott Ullr
12. Die Zwillingsgötter Alcis
13. Der neue Göttervater Odin   Teil 1
14. Der neue Göttervater Odin   Teil 2
15. Der Fruchtbarkeitsgott Freyr
16. Der Chaos-Gott Loki
17. Der Donnergott Thor
18. Der Priestergott Hönir
19. Die Göttersöhne
20. Die unbekannteren Götter
21. Die Göttermutter Frigg
22. Die Liebesgöttin: Freya und Menglöd
23. Die Erdgöttinnen
24. Die Korngöttin Sif
25. Die Apfel-Göttin Idun
26. Die Hügelgrab-Jenseitsgöttin Hel
27. Die Meeres-Jenseitsgöttin Ran
28. Die unbekannteren Jenseitsgöttinnen
29. Die unbekannteren Göttinnen
30. Die Nornen
31. Die Walküren
32. Die Zwerge
33. Der Urriese Ymir
34. Die Riesen
35. Die Riesinnen
36. Mythologische Wesen
37. Mythologische Priester und Priesterinnen
38. Sigurd/Siegfried
39. Helden und Göttersöhne
40. Die Symbolik der Vögel und Insekten
41. Die Symbolik der Schlangen, Drachen und Ungeheuer
42. Die Symbolik der Herdentiere
43. Die Symbolik der Raubtiere
44. Die Symbolik der Wassertiere und sonstigen Tiere
45. Die Symbolik der Pflanzen
46. Die Symbolik der Farben
47. Die Symbolik der Zahlen
48. Die Symbolik von Sonne, Mond und Sternen
49. Das Jenseits
50. Seelenvogel, Utiseta und Einweihung
51. Wiederzeugung und Wiedergeburt
52. Elemente der Kosmologie
53. Der Weltenbaum
54. Die Symbolik der Himmelsrichtungen und der Jahreszeiten
55. Mythologische Motive
56. Der Tempel
57. Die Einrichtung des Tempels
58. Priesterin – Seherin – Zauberin – Hexe
59. Priester – Seher – Zauberer
60. Rituelle Kleidung und Schmuck
61. Skalden und Skaldinnen
62. Kriegerinnen und Ekstase-Krieger
63. Die Symbolik der Körperteile
64. Magie und Ritual
65. Gestaltwandlungen
66. Magische Waffen
67. Magische Werkzeuge und Gegenstände
68. Zaubersprüche
69. Göttermet
70. Zaubertränke
71. Träume, Omen und Orakel
72. Runen
73. Sozial-religiöse Rituale
74. Weisheiten und Sprichworte
75. Kenningar
76. Rätsel
77. Die vollständige Edda des Snorri Sturluson
78. Frühe Skaldenlieder
79. Mythologische Sagas
80. Hymnen an die germanischen Götter

Inhaltsverzeichnis

I Die Göttin Idun in der germanischen Überlieferung	**6**
I 1. Der Name der Göttin Idun	*6*
I 2. Idun in der Prosa-Edda	*7*
I 2. a) Skaldskaparmal	8
I 2. b) Skaldskaparmal	8
I 2. c) Skaldskaparmal	9
I 3. Idun-Kenningar	*18*
I 4. Idun in der Lieder-Edda	*19*
I 4. a) Ögisdrecka	19
I 4. b) Odins Rabenzauber	23
I 5. Idun in den frühen Skaldenliedern	*42*
I 5. a) Haustlöng	42
I 6. Der Raub der Idun	*51*
I 7. Idun und Loki	*53*
I 8. Idun im Süden	*58*
I 9. Die Sippe der Idun	*63*
I 10. Iduns Verhältnis zu Freya, Frigg und Hel	*71*
I 11. Die Symbolik der Äpfel	*72*
I 11. a) Skirnir-Lied	72
I 11. b) Neunkräuter-Zauberspruch	73
I 11. c) Völsungen-Saga	73
I 11. d) Thidrek-Saga	74
I 11. e) Die Saga über Thorstein Haus-Macht	75
I 11. f) Die Saga über Yngvar den Fern-Fahrenden	75
I 11. g) Heidarviga-Saga	76
I 11. h) Jomsvikinga-Saga	77
I 12. Die Symbolik der Haselnüsse	*79*
I 12. a) Die Saga über Bosi und Herraud	79
I 12. b) Das Lied des Skalden Hallvadr	79
I 12. c) Egil-Saga	80
I 12. d) Die Sagen der Gebrüder Grimm: Die Nußkerne	81
I 12. e) Brauchtum	82
I 13. Zusammenfassung	*83*
II Idun in der indogermanischen Überlieferung	**85**
II 1. Die Äpfel in der indogermanischen Überlieferung	*85*
II 1. a) Die Äpfel bei den Kelten	85
- Gedicht des Apfelbaumgartens	*85*
- Vita Merlini	*85*

- *Die Geburt des Sonnengottes Lugh*	*86*
II 1. b) Die Äpfel bei den Slawen	88
II 1. c) Die Äpfel bei den Persern	88
II 1. d) Die Äpfel bei den Griechen	89
II 1. e) Zusammenfassung	89

II 2. Die Haselnüsse in der indogermanischen Überlieferung — *90*

- II 2. a) Der Hasel bei den Kelten — 90
  - *Die Geschichte des Königs Cormac mac Art* — *90*
  - *Callirus* — *91*
- II 2. b) Der Hasel bei den Römern — 91
- II 2. c) Der Hasel bei den Balten — 91

II 3. Die Apfelgöttin bei den Indogermanen — *92*

- II 3. a) Die Apfelgöttin bei den Kelten — 92
- II 3. b) Die Apfelgöttin bei den Römern — 93
- II 3. c) Die Apfelgöttin bei den Germanen — 95
- II 3. d) Die Haselnußgöttin bei den Balten — 95
- II 3. e) Die Apfelgöttin bei den Slawen — 95
- II 3. f) Die Apfelgöttin bei den Griechen — 95
- II 3. g) Zusammenfassung — 96

III Idun in der Jungsteinzeit — 97

III 1. Die Äpfel in der Jungsteinzeit — *97*

- III 1. a) Die Äpfel bei den Sumerern — 97
- III 1. b) Die Äpfel bei den Semiten — 97
- III 1. c) Die Herkunft des Apfels — 97

III 2. Der Hasel in der Jungsteinzeit — *100*
III 3. Die Apfelgöttin in der Jungsteinzeit — *101*

IV 3. Idun in der Altsteinzeit — 103
IV 1. Der Hasel in der Altsteinzeit — *103*

V Die Biographie der Idun — 104
VI Das Aussehen der Idun — 110
VII Zugang zu Idun — 113
VIII Traumreise zu Idun — 115
IX Hymnen an Idun — 124

- *Gebet an Idun* — *124*
- *Idun und Bragi* — *126*
- *Anrufung der Idun* — *131*

X Idun heute — 134

Themenverzeichnis — 135

I Die Göttin Idun in der germanischen Überlieferung

I 1. Der Name der Göttin Idun

Der Name der germanischen Göttin, der in den Originaltexten „*Iðunn*" geschrieben wird, findet sich in den Umschreibungen mit lateinischen Buchstaben als „Idun", „Idunn" oder „Ithun". Manchmal wird an diesen Namen auch noch das Feminin-Suffix „-a" angehängt, sodaß der Name dann „Iduna" oder „Idunna" lautet.

Der Name der Göttin Idun leitet sich von dem germanischen Adverb „idura" für „wieder, nochmal" ab und bedeutet wörtlich die „Wiederkehrende" und im übertragenden Sinne die „Sich-verjüngende", die „Verjüngende" oder die „Ewig-Junge".

Das germanische Wort „idura" ist z.B. mit dem lateinischen „iterum" mit derselben Bedeutung verwandt. Die Herkunft des lateinischen „iterum" zeigt sich in seiner engen Verwandtschaft mit dem Verb/Substantiv „iter" für „gehen, Weg". „Iterum" ist sozusagen das, was auf dem Weg, auf dem es fortgegangen ist, auch wieder zurückkehrt.

Diese Etymologie von „idura/iterum/iter" findet sich in sehr vielen indogermanischen Sprachen. Diese Worte gehen über das indogermanische Substantiv „heitr" für „Weg, Straße" auf das indogermanische Verb „hei" für „gehen" zurück.

Es findet sich im Germanischen zwar noch das von indogermanisch „hei" abstammende „eii" für „gehen", aber es ist aufgrund seiner sich deutlich von „Idun" unterscheidenden Form sehr unwahrscheinlich, daß „eii" und „Idun" noch als verwandt erkannt worden sind. Daher wird „Idun" sicherlich nicht „die zu dem Weg Gehörende" oder „die Wanderin" bedeuten.

Der Name „Idun" erscheint in dem isländischen „Landnamabok" zweimal als Frauenname aus der Zeit zwischen 900n.Chr. und 1000 n.Chr.

„Idun" hat sich im Altenglischen zu „Idonae" weiterentwickelt.

Im Altsächsischen ist „Idis" eine Göttin und im Althochdeutschen wird eine vornehme Frau manchmal als als „Itisand" bezeichnet. In den Merseburger Zaubersprüchen sind die „Idisi" ebenfalls als Göttinnen erkennbar. Im Beowulf-Epos wird die Mutter des Riesen Grendel (Tyr), also die Jenseitsgöttin, „Ides" genannt. In der Schlacht zwischen Arminius und Germanicus um 16 n.Chr. wird ein Ort mit dem Namen Idisiaviso („Ebene der Idisi") erwähnt.

Diese „Idis" bzw. diese „Idisi" sind vermutlich eine Variante der „Disen", die die Femininform zu „Diar" („Tyr-Priester") und „Tyr" sind – alle drei Namen gehen letztlich auf den indogermanischen Namen „Dhyaus" für den Sonnengott-Göttervater zurück, der dann später unter den Namen „Deus", „Tyr", „Zeus" usw. erscheint.

Der Name „Idun" hat zwar ein wenig Ähnlichkeit mit „Idis", aber es gibt keine plausible Herleitung des Namens „Idun" aus „Dis": Der Wandel von „Dis" über „Idis" zu „Idun" ist kaum erklärbar, auch wenn die germanische Femininin-Singular-Genitiv-Endung „-os, -is, -as" lautet und die Femininin-Plural-Genitiv-Endung „-än, -äno, -un" lautet. Da das „is" in „Dis" zur Stammsilbe gehört und keine Endung ist, kann es auch nicht im Plural zu „-un" werden.

Die einzige Möglichkeit wäre, daß bereits von den Germanen das Wort „Dis" nicht mehr verstanden worden und das „is" für eine Gentiv-Singular-Endung gehalten worden ist. Dann würde sich jedoch die Frage stellen, warum ein Plural zu dem Eigennamen einer Göttin geworden ist. Das wäre nur dann erklärbar, wenn auch die Pluralform schon so alt wäre, daß sie nicht mehr als solche erkannt worden ist, sondern für einen Eigennamen gehalten worden ist.

Es ist somit zwar unwahrscheinlich, aber nicht unmöglich, daß „Idun" und „Idis, Dis" ursprünglich miteinander identisch gewesen sind und einfach „Göttin" bedeutet haben.

„Idun" wäre dann die Feminin-Entsprechung zu „Tyr, Diar". In derselben Weise entspricht z.B. im Lateinischen die Feminin-Form „dea" der Maskulin-Form „deus". Die Maskulin-Formen sind auf jeden die älteren Formen und gehen auf den Namen des indogermanischen Sonnengott-Göttervater Dhyaus zurück.

eine mögliche Herkunft des Namens „Idun"		
Sprache	*Gottheit*	
	Göttervater	*=> abgeleitete weibliche Form*
indogermanisch	Dhyaus phater, Deiuos	Diuih
↓	↓	↓
germanisch	Tyr, Diar	Dis, Idis (= Idun?)
lithauisch	Dievas, Tevs	
lateinisch	Jupiter, Deus	Dea, Dia
griechisch	Zeus pater	Dia
illyrisch	Dei patrous	
phrygisch	Ties	
indisch	Dhyaus pita, Deva	Devi

I 2. Idun in der Prosa-Edda

Um ca. 1.200 n.Chr. wurden die germanischen Mythen in Island u.a. durch den Politiker, Forscher, Reisenden und Skalden (Dichter) Snorri Sturluson („Snorri, Sohn des Sturluson") niedergeschrieben. Snorris Werk „Edda" („Sammlung") stellt ein Lehrbuch für Skalden mit mythologisch-historischem Hintergrund dar.

Zur Unterscheidung von der Sammlung von Götter- und Helden-Liedern wird Snorris Skalden-Lehrbuch auch „Prosa-Edda" und die Liedersammlung „Lieder-Edda" genannt.

I 2. a) Skaldskaparmal

In den Listen über die Kenningar (Umschreibungen), die Snorri in der Edda aufführt, wird Idun in einer Göttinnen-Liste aufgeführt:

Da kamen zunächst Odin und Njörd, Tyr, Bragi, Vidar, Loki; und ebenso die Asinnen: Frigg, Freya, Gefjun, Skadi, Idun, Sif. Thor war nicht dort, da er in die östlichen Länder gezogen war, um Trolle zu töten.

I 2. b) Skaldskaparmal

In der Skaldskaparmal in der Edda wird die Göttin Idun an zwei Stellen beschrieben. An der ersten dieser beiden Stellen wird die Asin nur allgemein dargestellt:

(Da sprach Har:) *„Ein anderer Ase heißt Bragi. Er ist berühmt durch Beredsamkeit und Wortfertigkeit und sehr geschickt in der Skaldenkunst, die nach ihm Bragur genannt wird, so wie auch diejenigen nach seinem Namen Bragurleute heißen, die redefertiger sind als andere Männer und Frauen.*

Seine Frau heißt Idun: Sie verwahrt in einem Gefäß die Äpfel, welche die Götter genießen sollen, wenn sie altern; denn sie werden alle jung davon, und das mag währen bis zur Götterdämmerung."

Da sprach Gangleri: „Mich dünkt, die Götter haben der Treue und Sorgsamkeit Iduns große Dinge anvertraut."

Da sprach Har und lächelte: „Beinahe wäre es einstmals schlimm damit ergangen: ich könnte Dir davon wohl erzählen; aber Du sollst erst die Namen der anderen Asen hören."

Hier wird schon die wesentliche Funktion der Göttin Idun innerhalb der germanischen Mythologie dargestellt: Sie sorgt durch ihre Äpfel für die Unsterblichkeit der Götter.

Zusammen mit dieser Aufgabe erscheint es wahrscheinlich, daß der Name der Göttin, der wörtlich in etwa „die Wiederkehrende" bedeutet, als „die, die die Götter verjüngt" aufzufassen ist. Das, was „wiederkehrt", ist die Jugend der Götter.

Das in dem Text genannte „Gefäß", in dem Idun ihre Äpfel aufbewahrt, heißt im Original „Eski". Dieses Wort bezeichnet eine Kiste aus Eschenholz, wie sie oft von den Germanen für persönliche Gegenstände benutzt wurde.

Idun ist die Frau des Dichter-Gottes Bragi. Dieser Ase ist sehr wahrscheinlich die Vergöttlichung des Skalden Bragi Boddason ist, der zwischen 800 n.Chr. und 900 n.Chr. gelebt hat und die höfische Dichtung der Nordgermanen begründet hat. Daraus ergibt sich, daß das Paar Idun und Bragi nicht sehr alt sein kann und allerhöchstens bis um 1000 n.Chr. zurückreicht. Als Gott wird Bragi erst ab 1200 n.Chr. erwähnt, was aber nicht bedeutet, daß er nicht schon vorher als Gott angesehen wurde.

„Har" bedeutet „der Hohe" und ist eine Kenning für „Odin". „Gangleri" bedeutet „der vom Gehen müde" und ist ein Tarnname des schwedischen Königs Gylfi, der in einer Vision diese Gespräche mit den Asen führt.

Zum einen war um 1200 n.Chr. in ganz Europa die Visionsliteratur sehr beliebt; zum anderen zeigen aber einige Randbemerkungen vor allem in den Isländersagas, daß die germanischen Seher und Seherinnen durchaus zu wirklichen Visionen in Traumreisen (innere Bilder) und evtl. auch in Astralreisen (Verlassen des eigenen Körpers) in der Lage waren.

Zu dieser Art von Bemerkungen zählt z.B. die Erwähnung eines tiefen Atemzuges eines Ritualleiters nach dem Ende der Beschwörung von drei Toten, die in der der Saga über Thrond von Gate berichtet wird. Solche tiefen Atemzüge sind zu Beginn und am am Ende von Visionen sehr typisch. Auch über Odin wird in der „Heimskringla" sehr realistisch eine Astralreise berichtet. Dies zeigt, daß diese Visionsberichte nicht nur literarische Werke sind, sondern durchaus auch reale Visionen enthalten können.

I 2. c)   Skaldskaparmal

Entgegen der Ankündigung des Asen Har kommt er nicht wieder auf Idun zu sprechen. Jedoch berichtet in dem nächsten Teil der Edda der Zauberer Ägir von einer Vision, in der ihm der Ase Bragi einiges über Idun erzählt. Der Zauberer Ägir wohnte auf der Insel Hlesey, die die nördlichste Insel zwischen Dänemark und Schweden im Kattegat ist.

Der Name „Hlesey" bedeutet „Insel des Hler". Da in der keltischen Religion der Meeresgott „Lir" heißt und dieser Gott bei den Germanen den Namen „Ägir" trägt, wird mit dem „Hler", dem die Insel gehört, wohl der Zauberer Ägir gemeint sein. Ägir und seine Frau Ran waren auch Unterweltsgottheiten und wurden als Riesen angesehen. Auch die Jenseitsgöttin Hel war eine Riesin. Da die Riesen aus einer Umdeutung der Ahnen aus der frühesten Zeit entstanden sind, hat es den Anschein, als ob sich der Totengott Ägir in der Unterwelt mit dem Dichtergott Bragi unterhalten würde.

Ursprünglich sind Ägir, Hler und auch Gymir der ehemalige Sonnengott-Göttervater Tyr in der nächtlichen bzw. winterlichen Wasserunterwelt gewesen.

Solche Umdeutungen von Gottheiten in konkrete Menschen entsprach der um 1200 n.Chr. geläufigen Auffassung von den heidnischen Göttern als „großen Menschen" der Vorzeit. Dem entspricht, daß auch die Visionen selber als „unecht" und als magische Täuschung („Blendwerk") durch die als zauberkundige Menschen aufgefaßten Götter angesehen wurden.

Die Insel, auf der Ägir wohnt, ist das Jenseits. Solche Inseln erscheinen mehrfach in der Edda: der Fenriswolf wird auf einer Insel gefangengehalten, Wieland der Schmied wird auf einer Insel gefangengehalten und möglicherweise ist der tote Baldur auf seinem Schiff zu solch einer Insel unterwegs. Die heutzutage bekannteste aller Jenseits-Inseln, die im Westen im Meer liegt, da dort die Sonne durch den Eingang in die Unterwelt das Jenseits betritt, ist sicherlich Atlantis.

Ein Mann heißt Ägir oder Hler; er bewohnte das Eiland, das nun Hlesey heißt, und war sehr zauberkundig. Er unternahm eine Reise nach Asgard; und als die Asen von seiner Fahrt erfuhren, wurde er wohl empfangen, jedoch mit allerlei Sinnestäuschungen.

Und am Abend, als das Trinken beginnen sollte, ließ Odin Schwerter in die Halle tragen, die waren so glänzend, daß ein Schein davon ausging und es keiner andern Beleuchtung bedurfte, während man aß und trank.

Das Strahlen von Schwertern wird auch an anderen Stellen in der Edda berichtet. So läuft z.B. an Sigurds/Siegfrieds Schwert Gram, nachdem es fertig geschmiedet worden war, Feuer die Schneiden entlang. Dieses Schwert wurde ursprünglich von Odin Sigurds Vater Sigmund gegeben. Andere Schwerter waren mit dem Drachen assoziiert wie z.B. das Schwert des Grendel (Tyr im Jenseits). Auch das Schwert des Surtur strahlt wie die Sonne.

Das Urbild für diese leuchtende Schwertern ist das Sonnenschwert des ehemaligen Sonnengott-Göttervaters Tyr gewesen sein. Das während seinem abendlichen bzw.

winterlichen Aufenthalt in der Unterwelt neugeschmiedete Schwert, das am Abend bzw. im Herbst zerbrochen war, leuchtete am Morgen/Frühling genauso wie Tyr selber, da nicht nur die Rückkehr des Gottes Tyr, sondern auch die seines neugeschmiedeten Schwertes dem Sonnenaufgang verglichen wurde.

Der Gott Odin, der während der Völkerwanderungszeit anstelle von Tyr zum Göttervater geworden war, hat dabei fast die gesamte Symbolik des Tyr übernommen, zu der auch das leuchtende Schwert des Schwertgott-Göttervaters Tyr gehörte – das er allerdings nur noch zur Beleuchtung seiner Halle benutzt …

Da kamen die Asen zu ihrem Gelage und zwölf der Asen, die da zu Richtern bestellt waren und setzten sich auf ihre Hochsitze. Dies sind ihre Namen: Thor, Niörd, Freyr, Tyr, Heimdall, Bragi, Widar, Wali, Ullr, Hönir, Forseti, Loki. Desgleichen heißen die Asinnen: Frigg, Freyja, Gefion, Idun, Gerd, Sigyn, Fulla, Nanna.

Diese Zwölfzahl entspricht wohl den zwölf Tierkreiszeichen. Sie findet sich auch bei den mehrfach vorkommenden Gruppen von zwölf Berserkern, den zwölf Flüssen, die aus der Quelle Hvergelmir zwischen den Wurzeln des Weltenbaumes Yggdrasil entspringen, den zwölfstrahligen Sonnen auf den frühen Runensteinen usw.

Diese Zwölfergruppe scheint ein altes Motiv zu sein, da es sich z.B. auch bei den Griechen finden, auf deren Olymp stets eine Zwölfergruppe von Göttern wohnte.

Ägir schien alles herrlich, was er sah. Alle Wände waren mit schönen Schilden bedeckt, da war auch kräftiger Met und des Trankes genug.

Mit diesen Schilden könnten die Prunkschilde gemeint sein, auf denen mythologische Szenen oder Heldentaten dargestellt wurden. Sie werden in einigen der frühen Skaldenlieder beschrieben. Man wird nicht allzu falsch liegen, wenn man sich auf diesen Schilden in der Halle der Asen Bilder aus den Mythen der dort versammelten Götter vorstellt.

Es wird zwar in dem Text nicht berichtet, daß Bragi den Ägir während seiner Erzählungen auf diese Bilder auf den Schilden verweist, aber man kann wohl zumindestens davon ausgehen, daß die Erwähnung eines solchen Hinweises einen der damaligen Germanen nicht verwundert hätte, da es sogar Lieder über solche Schilde gegeben hat.

Als Ägirs Nachbar saß Bragi, und während sie tranken, tauschten sie Gespräche. Da sagte Bragi dem Ägir von manchen Geschichten, die sich vordem bei den Asen zugetragen hatten.

Er begann seine Erzählung damit, daß drei Asen auszogen: Odin, Loki und Hönir.

Auch in der Mythe/Sage „Die Niflungen und die Giukungen" sind es Odin, Hönir und Loki, die ausziehen und allerlei erleben. Diese drei Götter stellen die drei Stände der Germanen dar, die mehrfach in den Mythen und Sagen auftreten.

		die drei Brüder als die Vertreter der drei Stände					
Stand	*Rigr*	*Asen*		*Wielandsage*	*Siegfriedsage*	*Gesta Danorum*	*Märchen*
Krieger Fürsten	Jarl	Woden	Odin	Egil	Fafnir	Odin als Krieger	Bogenschütze
Priester Heiler		We	Hönir	Slagfid	Oter	Odin als Schmied	Heiler
Bauern Handwerker	Karl	Wili	Loki	Völund	Regin	Odin als Heiler	Schmied
Sklaven	Thräl						

„*Sie fuhren über Berge und öde Marken, wo es um ihre Kost übel bestellt war. Als sie aber in ein Tal herabkamen, sahen sie eine Herde Ochsen; da nahmen sie ein Tier und wollten es kochen. Und als sie glaubten, daß es gesotten wäre, und den Sud aufdeckten, war es noch nicht gar. Und zum zweitenmal, als sie den Sud wieder aufdeckten, nachdem einige Zeit vergangen war, fanden sie ihn noch immer nicht gar.*

Da sprachen sie unter sich, wovon das kommen möge. Da hörten sie oben in der Eiche über sich sprechen, daß der, welcher dort sitze, schuld sei, daß der Sud nicht zum Sieden komme. Als sie hinschauten, saß da ein Adler, der war nicht klein.

Da sprach der Adler: 'Wollt ihr gestatten, daß ich mich von dem Ochsen sättige, so soll der Sud sieden.'

Das sagten sie ihm zu. Da ließ er sich vom Baum nieder, setzte sich zum Sud und nahm sogleich die zwei Lenden des Ochsen vorweg mit beiden Vorderteilen."

Diese Szene könnte aus einer Mythe stammen, die sich auf die Jenseitsreise bezieht. Für diesen Verdacht sprechen vier Dinge:

Die Fremde oder die Einöde sind oft Umschreibungen für das Jenseits, weil auch das Jenseits etwas Fremdes und Unbekanntes ist. Im Zusammenhang mit diesem Bild der Wildnis wird der in das Jenseits reisende Schamane, Priester, König o.ä. dann oft zu einem Jäger umgedeutet.

Der Adler und generell die Vögel sind in Mythen oft der Seelenvogel. Die Vorstellung, daß die Seele die Gestalt eines Vogels hat, liegt darin begründet, daß man bei z.B. einem Nahtod erleben kann, wie man den eigenen materiellen Körper verläßt und dann „wie ein Vogel" über ihm schwebt („Astralreise"). Der Adler als der größte Vogel ist generell der Seelenvogel des Göttervaters, also bei den Germanen entweder des Tyr oder des Odin.

Wenn der Adler ein Seelenvogel ist, sollte der Baum, auf dem der Adler sitzt, der Weltenbaum sein, da dieser die Verbindung zwischen Diesseits und Jenseits ist. In der Edda wird berichtet, daß auf dem Weltenbaum der Adler Farseti sitzt, der mit dem hier erscheinenden Adler in symbolischer Hinsicht identisch sein wird.

Der erlegte Ochse könnte mehr als nur Speise in der Wildnis sein, denn die Germanen opferten bei den Bestattungen ihren Toten ein männliches Herdentier. Dieses Herdentier hatte innerhalb der Jenseitsvorstellungen eine wichtige Funktion. Das grundlegende und schon aus vor-indogermanischer Zeit stammende Bild über das, was mit den Toten im Jenseits geschieht, ist die Wiedergeburt durch die Muttergöttin. Dieses Bild wurde schon früh durch eine Wiederzeugung ergänzt. Um die Fruchtbarkeit der Muttergöttin und die Zeugungskraft des Toten zu sichern, nahmen beide bei der Wiederzeugung und bei der Wiedergeburt die Gestalt eines Stieres und einer Kuh, eines Hirsches und einer Hindin, eines Hengstes und einer Stute, eines Keilers und einer Bache o.ä. an. Diese Verwandlung wurde im Bestattungsritual dadurch magisch bewirkt, daß man für die Toten ein Herdentier opferte und sie dann in das Fell dieses Tieres wickelte.

Der seltsame Umstand, daß das Fleisch dieses Tiers nicht gar wurde, bevor der Adler, der ein Seelenvogel sein könnte, einen Teil zugesprochen bekam, spricht dafür, daß der Stier in dem Kessel einen direkten Bezug zu dem Adler haben muß.

Symbolisch gesehen, findet die Opferung des Tiers (eines Hirsches, Stieres, Hengstes, Keilers oder Ziegenbocks) bei einer Bestattung oder einer anderen Jenseitsreise wie z.B. bei einer Krönung dort statt, wo der Eingang zum Jenseits ist, also unter dem Weltenbaum.

Die hier beschriebene Szene wird daher auf ein Opfer an den Adler-Seelenvogel des ehemaligen Göttervaters Tyr zurückgehen. Der Adler kann nicht der Seelenvogel des Odin sein, da dieser einer der Opfernden ist.

„Da wurde Loki zornig, ergriff eine große Stange und stieß sie mit aller Macht dem Adler in den Leib. Der Adler wurde scheu von dem Stoße und flog empor: Da haftete die Stange in des Adlers Rumpf; aber Lokis Hände an dem andern Ende."

In der Geirröd-Mythe klebt Loki als Falken-Seelenvogel an dem Leim in der Halle des Tyr-Riesen Geirröd fest. Dies ist eine der vielen Varianten, in denen der endlose, zyklische Kampf zwischen dem Sommergott Tyr und dem Wintergott Loki erzählt wurde.

Das Festkleben des Loki an der Stange des Tyr-Adlers ist eine Umdeutung der

Leimrute, mit der einst Tyr-Geirröd den Falken-Seelenvogel des Loki gefangen hat.

„Der Adler flog so nah am Boden, daß Loki mit den Füßen Gestein, Wurzeln und Bäume streifte; die Arme aber, meinte er, würden ihm aus den Achseln reißen. Er schrie und bat den Adler flehentlich um Frieden; der aber sagte, Loki solle nimmer loskommen, er schwöre ihm denn, Idun mit ihren Äpfeln aus Asgard zu bringen. Das bewilligte Loki: Da ward er los und kam zurück zu seinen Gefährten; und diesmal wurde von dieser Reise mehr nicht erzählt bis sie heimkamen."

Idun und ihre Äpfel sind nicht nur in dieser Szene, sondern generell eng mit den Seelenvögeln verbunden: Die „Äpfel der ewigen Jugend" beziehen sich auf die Seelen im Jenseits und diese haben die Gestalt von Vögeln.

„Zur verabredeten Zeit aber lockte Loki Idun aus Asgard in einen gewissen Wald, indem er vorgab, er habe da Äpfel gefunden, die sie Kleinode dünken würden; auch riet er ihr, ihre eigenen Äpfel mitzunehmen, um sie mit jenen vergleichen zu können.
Da kam der Riese Thiazi in Adlershaut dahin, ergriff Idun und flog mit ihr fort gen Thrymheim, wo seine Heimstatt war."

Der Name „Thiazi" ist eine Variante des Namens „Tyr". Tyr ist als nächtlicher bzw. winterlicher Sonnengott-Göttervater im Jenseits ein Riese. Um wiedergeboren zu werden, brauchte er die Jenseitsgöttin, mit der er sich zuvor vereinen mußte. An die Stelle der Wiederzeugung und der Wiedergeburt ist im Zusammenhang mit Idun das Verspeisen ihre Äpfel getreten.
Aufgrund des endlosen, zyklischen Streites zwischen dem Sommergott Tyr und dem Wintergott Loki ist das Motiv des gegenseitigen Raubes der Jenseitsgöttin (Freya, Idun, Sif) bzw. ihrer Äpfel oder ihres Halsreifs Brisingamen, der die Sonne und deren Wiedergeburt symbolisiert, entstanden.

„Die Asen aber befanden sich übel bei Iduns Verschwinden, sie wurden schnell grauhaarig und alt. Da hielten sie Versammlung und einer frug den andern, was man zuletzt von Idun wisse. Das letzte, was man von ihr gesehen hatte, war, daß sie mit Loki aus Asgard gegangen war.
Da wurde Loki ergriffen und zur Versammlung geführt, auch mit Tod oder Peinigung bedroht. Da erschrak er und versprach, er wolle nach Idun in Jötunheim suchen, wenn Freyja ihm ihr Falkengewand leihen wolle. Als er das erhielt, flog er nordwärts gen Jötunheim und kam eines Tages zu des Riesen Thiazi Behausung.
Er war eben auf die See gerudert und Idun allein daheim. Da wandelte Loki sie in Nußgestalt, hielt sie in seinen Klauen und flog was er konnte."

Die Nuß, in die Loki die Asin Idun verwandelt, scheint dieselbe Symbolik wie Iduns Äpfel zu haben, da in germanischen Gräbern sowohl Körbe mit Äpfel als auch Körbe mit Äpfeln und Nüssen gefunden wurden. In Südengland sind Nüsse noch heute ein Fruchtbarkeitssymbol.

„Als aber Thiazi heimkam und Idun vermißte, nahm er sein Adlerhemd und flog Loki nach mit Adlersschnelle. Als aber die Asen den Falken mit der Nuß fliegen sahen und den Adler hinter ihm drein, da gingen sie hinaus unter Asgard und nahmen eine Bürde Hobelspäne mit. Und als der Falke in die Burg flog und sich hinter der Burgmauer niederließ, warfen die Asen alsbald Feuer in die Späne.

Der Adler vermochte sich nicht innezuhalten, als er den Falken aus dem Gesicht verlor: deshalb schlug das Feuer ihm ins Gefieder, so daß er nicht weiterfliegen konnte. Da waren die Asen bei der Hand und töteten den Riesen Thiazi innerhalb des Gatters; allbekannt ist dieser Totschlag."

Es wäre denkbar, daß dieses Feuer etwas mit dem Feuer als Symbol des Eingangs in das Jenseits zu tun hat. In dieser Funktion erscheint es mehrfach in der Edda als „Waberlohe" – z.B. in der Szene, in der Siegfried Brünhild findet, auf Skirnirs Reise in die Welt der Riesen oder rings um die Burg der Göttin Menglöd.

Eine zweite Möglichkeit wäre die Umdeutung des „Morgenrot-Feuers" der Wiedergeburt der Sonne zu einem „Feuer des Todes".

„Aber Skadi, des Riesen Thiazi Tochter, nahm Helm und Brünne und alles Hausgerät und fuhr gen Asgard, ihren Vater zu rächen. Da boten ihr die Asen Ersatz und Buße. Zum ersten sollte sie sich einen der Asen zum Gemahl wählen, aber ohne mehr als die Füße von denen zu sehen, unter welchen sie wähle.

Da sah sie eines Mannes Füße vollkommen schön und rief: 'Diesen wähle ich. Baldur ist ohne Fehl. Aber es war Niördr von Noatun.'"

Es ist auffällig, daß Baldur der „sterbende und wiedergeborene Gott" ist und Idun eng mit dem Seelenvogel und den „Äpfeln der ewigen Jugend" verbunden ist. Das grundlegende Thema im Zusammenhang mit Idun ist offenbar das Geschick der Seelen nach dem Tod.

Vielleicht erhält Skadi hier Niörd statt Baldur, weil Niörd als Meeresgott auch ein Gott der Unterwelt ist. Niörd ist zudem wie Ägir, Hler und Gymir der Gott Tyr als Riese in der Wasserunterwelt.

Da Skadi einst die Erdgöttin des nach ihr benannten Skandinavien gewesen ist, wird sie ursprünglich nicht die Tochter des Göttervaters Tyr-Thiazi gewesen sein, sondern dessen Wiederzeugungs-Geliebte und Wiedergeburts-Mutter. Solche Umdeutung der Jenseitsgöttin zur Tochter des Göttervaters kommen recht häufig vor. Skadi ist letztlich mit Idun identisch.

Skadi erhält somit den Göttervater zum Mann – was dem alten Motiv der Wiederzeugung des Sonnengott-Göttervaters in der Unterwelt entspricht.

„Eine ihrer Vergleichsbedingungen war auch, daß die Asen es dahin bringen sollten, daß sie lachen müsse; sie glaubte, das würden sie nicht zuwege bringen.
Da befestigte Loki eine Schnur an dem Bart einer Ziege und das andere Ende an seinen Hoden, wodurch sie hin und her gezogen wurden und beide laut schrien vor Schmerz. Drauf ließ sich Loki in Skadis Schoß fallen. Sie lachte und somit war ihre Aussöhnung mit den Asen vollbracht."

Die Schnur zwischen Lokis Hoden und dem Bart der Ziege assoziiert beide miteinander. Vielleicht liegt dem die Sicherung der Zeugungskraft der Toten durch einen Ziegenbock zugrunde, der für den Toten geopfert wurde, damit dessen Zeugungskraft magisch auf den Toten überging und auf diese Weise dessen Wiederzeugung absicherte.

Dazu würde passen, daß sich Loki am Schluß dieser Szene in Skadis Schoß fallen läßt. Es gab bei Hochzeiten den Brauch, der Braut einen Hammer, der Thors Hammer Mjöllnir repräsentierte, in den Schoß zu legen. Vielleicht ist Lokis Fallen in Skadis Schoß eine Anspielung auf diesen Brauch.

Falls diese Vermutung zutreffen würde, könnte Skadis Lachen für die Vereinigung von Loki und Skadi stehen.

Die sexuelle Symbolik im Zusammenhang mit Jenseitsreisen ist aufgrund der sehr alten Wiederzeugungssymbolik weit verbreitet. So wird z.B. auch die griechische Göttin Demeter auf der Suche nach ihrer Tochter Persephone, die von Hades in die Unterwelt entführt worden war, durch die derben erotischen Scherze der Magd Jambe zum Lachen gebracht. Diese Szene war auch ein Bestandteil der Mysterien von Eleusis.

„Es wird gesagt, daß Odin zur Buße noch Thiazis Augen nahm, sie an den Himmel warf und zwei Sterne daraus bildete."

Da „Thiazi" eine Namens-Variation zu „Tyr" ist und dieser der ehemalige Sonnengott-Göttervater war, ist es recht wahrscheinlich, daß diese beiden Augen Sonne und Mond sind.

Da sprach Ägir: „Ein gewaltiger Mann dünkt mich Thiazi gewesen zu sein; aber welcher Abstammung war er?"
Bragi antwortete: „Ölwaldi hieß sein Vater, und merkwürdig wird es Dich bedünken, wenn ich Dir von ihm erzähle. Er war sehr reich an Gold, und als er starb und

seine Söhne das Erbe teilen sollten, da maßen sie bei der Teilung das Gold damit, daß ein jeder seinen Mund davon voll nehmen sollte und einer so oft als der andere. Einer dieser Söhne war Thiazi, der andere Idi, der dritte Gangr.

Davon hat die Redensart ihren Ursprung, daß wir das Gold dieser Jötune Mundmaß nennen, und in Runen und in der Skaldensprache umschreiben wir es so, daß wir es dieser Joten Sprache oder Rede nennen."

Da sprach Ägir: „Das dünkt mich in Runen wohl angewandt."

Auf diese Erzählung folgt nun der Bericht darüber, wie der Skaldenmet entstanden ist. Dieser Met hat ursprünglich dieselbe Symbolik wie die Äpfel der Idun gehabt: Er verlieh dem, der ihn trinkt, die Wiedergeburt bzw. das ewige Leben im Jenseits. In dieser Met-Mythe ist es Odin, der sich in einen Adler-Seelenvogel verwandelt.

Siehe dazu auch den Band 69 über den Göttermet.

Die Göttin Idun ist zunächst einmal die Besitzerin der Äpfel der ewigen Jugend, auf die die Götter angewiesen sind. Diese Äpfel wachsen anscheinend auf dem Weltenbaum und werden in einer Kiste aus dem Holz dieser Weltesche (Eschenholz) aufbewahrt.

Das, was die ewige Jugend gibt, sind vor allem die Äpfel der Idun, aber auch der rituelle Met sowie vermutlich auch die Nüsse.

Als Besitzerin der Äpfel der ewigen Jugend sollte Idun eine Jenseitsgöttin sein, da das „ewige Leben" erst nach dem diesseitigen „begrenzten Leben" im Jenseits stattfindet.

Idun ist in den über sie berichtenden Mythen und auch in den mit diesen Mythen assoziierten Erzählungen (Kwasir, Gunnlöd, Skadi) mit der Jenseitsreise verbunden. Ein wichtiges Motiv in diesen mythologischen Berichten über Jenseitsreisen ist der Seelenvogel.

Weitere Aspekte der Jenseitsvorstellungen und Bestattungsbräuche der Germanen sind das Jenseitstor, die Wiederzeugung, das Opfer eines Herdentieres sowie die Seelensterne. Diese Motive scheinen jedoch keine große Bedeutung in den Vorstellungen der Germanen über die Göttin Idun gehabt zu haben.

I 3. Idun-Kenningar

Eine Kenning ist die Umschreibung einer Sache durch meist zwei, manchmal aber auch mehr Worte. Die Skalden sahen im allgemeinen fünf Worte pro Kenning als Obergrenze an. Da diese Kenningar oft mythologische Anspielungen enthalten, sind sie für das Verständnis der germanischen Gottheit oft recht hilfreich.

In der Skaldskaparmal in der Edda finden sich Listen von Kenningar, in denen auch Idun vorkommt.

Leider berichten die drei Kenningar *„Frau des Bragi"*(Idun) bzw. *„Mann der Idun"* (Bragi), *„Bewahrerin der Äpfel"* und *„Dieb der Idun"* (Loki) nichts Neues über die Göttin Idun.

1. Idun-Kenningar

„Wie soll man Idun umschreiben?"

„Solchermaßen: Indem man sie wie folgt nennt: 'Frau des Bragi', 'Bewahrerin der Äpfel'; und die Äpfel sollten 'Alters-Elixier der Asen' genannt werden. Idun wird außerdem 'Beute des Riesen Thiazi' genannt – entsprechend der eben erzählten Geschichte darüber, wie er sie von den Asen fortnahm."

2. Bragi-Kenningar

„Wie soll man Bragi umschreiben?"

„Indem man ihn wie 'Mann der Idun', 'Erster Erschaffer der Dichtkunst' und den langbärtigen Gott' nennt (nach seinem Namen wird ein Mann, der einen langen Bart hat, als 'Bart-Bragi' bezeichnet)."

3. Loki-Kenningar

„Wie soll man Loki umschreiben?"

„Solchermaßen: Nenne ihn Sohn des Farbauti und der Laufey ... ... 'Dieb der Idun' ... ..."

I 4. Idun in der Lieder-Edda

Die Lieder-Edda ist eine Sammlung von alten „Liedern", d.h. längeren Gedichten mit mythologischen Themen oder mit halbhistorischen Helden-Themen.

I 4. a) Ögisdrecka

In dem Lied „Ägirs Trinkgelage" verspottet Loki die Asen auf möglichst verletzende Weise. Dabei werden auch Idun und ihr Mann Bragi nicht von ihm verschont.

Loki:
„Heil euch, Asen; Heil euch Asinnen,
Euch hochheiligen Göttern all,
Außer dem Asen allein, der da sitzt
Auf Bragis Bank."

Bragi:
„Schwert und Schecken aus meinen Schätzen zahl' ich
Und einen Baug (Ring) *zur Buße,*
Daß Du den Asen nicht Ärgernis gebest:
Mache Dir nicht gram die Götter."

Loki:
„Roß und Ringe, nicht allzureich doch
Weiß ich Dich, Bragi, der beiden!
Von Asen und Alfen, die hier innen sind,
Scheut keiner so den Streit,
Flieht Geschosse keiner feiger."

Bragi:
„Ich weiß doch, wär ich draußen,
wie ich drinnen bin
Hier in Ägirs Halle,
Dein Haupt hätt ich in meiner Hand schon;
So entlohnte ich Dir die Lüge."

Loki:
„*Sitzend bist Du schnell, doch schwerlich leistest Du's,*
Bragi, Bänkehüter!
Zum Zweikampf vor, wenn Du zornig bist:
Der Tapfre sieht nicht um und säumt."

Idun:
„*Ich bitte Dich, Bragi, bei Deiner eigenen*
Und aller Wünschelsöhne Wohl,
Sprich zu Loki nicht mit lästernden Worten
Hier in Ägirs Halle."

Loki:
„*Schweig, Idun! Von allen Frauen*
Bist Du, sage ich, die Männertollste,
Denn Du legtest die Arme, die sorgfältig gewaschenen
Um den Mörder eines Bruders."

Idun:
„*Zu Loki sprech' ich nicht mit lästernden Worten*
Hier in Ägirs Halle;
Den Bragi sänft ich, den bierberauschten,
Daß er im Zorn den Zweikampf meide."

In diesen Versen finden sich mehrere Hinweise auf den Charakter der Idun und ihre Rolle in den Mythen.

Die letzte Strophe zeigt deutlich, daß Idun eine sanfte Göttin ist, die Streit abzuwenden und Kämpfe zu verhindert versucht. Zudem bemüht sie sich, ihren Gatten Bragi, der nicht mehr ganz nüchtern ist, von einem übereilten Zweikampf mit Loki abzuhalten.

Loki faßt Idun als „*männertoll*" auf. Dies könnte eine boshafte Umdeutung des Wiederzeugungsmotivs sein, das man, wenn man die Ursprünge dieses Motives nicht kennt, als eine fortgeschrittene Form von Nymphomanie diagnostizieren könnte. Idun scheint demnach sowohl die Göttin der Wiederzeugung („mannstoll") als auch die Göttin des Wiederstillens (Äpfel, Nüsse, Met) zu sein. Es ist daher recht wahrscheinlich, daß sie ursprünglich auch einmal die Göttin der Wiedergeburt gewesen ist.

Der bekannteste Brudermörder in den germanischen Mythen ist zweifellos Hödur, der unabsichtlich durch eine List des Loki seinen Bruder Baldur erschoß. Es gibt jedoch keinerlei Hinweise darauf, daß Idun und Hödur jemals ein Paar gewesen wären. Es wäre jedoch denkbar, daß Loki darauf anspielt, daß sich Hödur im Jenseits, nachdem er von Odins Sohn Wali aus Rache getötet worden war, mit Idun vereinte und von ihr wiedergeboren wurde. Baldur und Hödur gehen auf Tyr und Loki zurück, die in den alten, Tyr-zentrierten Mythen Brüder gewesen sind.

Diese Szene läßt sich jedoch später mithilfe anderer Stellen aus der Edda schlüssig deuten.

Auch den anderen Göttinnen wirft Loki ihre „außerehelichen Beziehungen" vor, was ein Hinweis darauf sein könnte, daß die Göttinnen insgesamt mit der Jenseitsmutter-Geliebten assoziiert worden sind und daß das dreifache Motiv der Wiederzeugung, der Wiedergeburt und des Wiederstillens einst das prägende Element in den Vorstellungen der Germanen über ihre Göttinnen gewesen ist.

Lokis wirft allen anwesenden sechs Asinnen Ehebruch vor. Dies sind neben Idun die Göttinnen Gefion, Frigg, Freya, Skadi (die hier als Asin und nicht als Riesin angesehen wird) und Sif.

Man kann sich des Eindrucks kaum erwehren, daß das Verfassen dieser Verse dem Skalden großen Spaß gemacht hat.

Loki zu Gefion:
„Schweig Du, Gefion! sonst vergeß ich's nicht
Wie Dich zur Lust verlockte
Jener weiße Knabe, der Dir das Kleinod gab,
Als Du den Schenkel um ihn schlangst."

Mit dem „weißen Knaben" ist der „weiße Gott" Heimdall gemeint, der aus einem Beinamen des Tyr entstanden ist.

Loki zu Frigg:
„Schweig Du, Frigg! Fiörgyns Tochter bist Du
Und den Männern allzumild,
Die Wili und We als Widrirs Gemahlin
Beide bargst in deinem Schoß."

Widrir (Odin), Wili (Loki) und We (Hönir) sind die Stellvertreter der drei Stände der germanischen Gesellschaft: die Fürsten und Krieger (Odin/Widrir), die Bauern und Handwerker (Wili/Loki) und die Priester und Heiler (We/Hönir). Sie erscheinen in vielen Geschichten als Dreiheit, die möglicherweise bei den Germanen wie bei anderen Indogermanen auch als Aspekte eines Urwesens (Ymir) oder des Obersten Gottes (Tyr) angesehen wurden.

Falls dies zutreffen sollte, dann wäre Frigg gar nicht untreu gewesen, weil Widrir, Wili und We dann sozusagen der „dreifache Odin" wären. Ein solcher „dreifacher Odin" erscheint z.B. in der Gesta danorum, in der Odin drei verschiedene Gestalten annimmt (Krieger, Schmied und Heiler), um zu Rindr zu gelangen.

Loki zu Freya:
„Schweig Du, Freyja, Dich vollends kenn' ich;
Keines Makels mangelst Du;
Der Asen und Alfen, die hier innen sind,
Bist Du jedes Buhlerin.
... ...
Schweig Du, Freyja, Gift führst Du mit Dir,
Bist alles Unheils voll.
Vor den Göttern umarmtest Du den eigenen Bruder:
So böser Wind entfuhr Dir, Freyja!"

Die Vorwürfe an Freya in der ersten Strophe gleichen den Vorwürfen an Idun. Es wäre daher denkbar, daß Idun ursprünglich ein Beiname der Freya gewesen ist.

In der zweiten Strophe wird berichtet, daß Freya und Freyr einst ein Paar gewesen sind. Beide Namen gehen auf indogermanisch „prieh" zurück, was „Geliebte(-r)" bedeutet. Dieser Name wird recht sicher die Göttin und die Toten bei der Wiederzeugung bezeichnet haben. Die in der ersten Strophe an Freya und die in den Versen an Idun erwähnte Vereinigung der Göttin mit allen Männern ist offenbar schon ein sehr alter Charakterzug der Muttergöttin im Jenseits.

Loki zu Skadi:
„Gelinder sprachst Du zu Laufeyjas Sohn,
Als Du mich auf Dein Lager ludst.
Dessen gedenk ich nun, da es genauer gilt
Unsre Meintaten zu melden."

Hier beschränkt Loki („Llaufeyas Sohn") sich auf die Behauptung, schon einmal mit der Riesin/Asin Skadi das Lager geteilt zu haben.

Loki zu Sif:
„Du einzig bliebest verschont, wärest Du immer keusch
Und dem Gatten ergeben gewesen.
Einen weiß ich und weiß ihn gewiß,
Der auch den Hlorridi zum Hahnrei machte.
(Und das war der listige Loki.)"

Offensichtlich ist das Verführen der Göttinnen ein wesentlicher Charakterzug des Loki. Vermutlich ist dies eine Ausweitung des Wiederzeugungsmotivs des Sommergottes Tyr und des Wintergottes Loki, die sich abwechselnd mit der Jenseitsgöttin vereinten, um von ihr wiedergeboren zu werden – was sich leicht zu einem Raub der Göttin bzw. zu einem Fremdgehen der Göttin umdeuten ließ.

I 4. b)   Odins Rabenzauber

Im Gegensatz zu fast allen anderen Erzählungen aus der Lieder-Edda ist „Odins Rabenzauber" in dem höfischen Stil geschrieben, der u.a. durch eine sehr ausgiebige Verwendung von Kenningar gekennzeichnet ist.

Um die Hinweise auf die Göttin Idun in diesem Lied erfassen zu können, ist es zunächst einmal notwendig, das Lied als ganzes zu betrachten, wofür wiederum das Verständnis der Kenningar in jeder einzelnen Strophe erforderlich ist.

Es folgt daher zunächst einmal die Betrachtung des Liedes Strophe für Strophe. Der folgende Text ist nicht die „klassische" Übersetzung von Karl Simrock, sondern eine anhand des Originals und neuerer Übersetzungen überarbeitete Version.

Allvater waltet, Alfen verstehen,
Wanen wissen, Nornen weisen,
Iwidie gebiert, Menschen dulden,
Thursen erwarten, Walküren trachten.

„*Iwidie*" ist vielleicht eine der Asinnen – der Name könnte „die All-Weite" bedeuten und wäre dann eine Parallelbildung zu „Allvater". „*Thursen*" sind Riesen. Die „*Alfen*" sind wie die Zwerge Totengeister. Ihr Name bedeutet „Leuchtende" und bezieht sich vermutlich auf die hellsichtige Wahrnehmung der Geister Verstorbener, die recht einheitlich in allen Kulturen als milchigweiß leuchtende Schemen beschrieben werden (die „Bettlaken-Gespenster" der Sagen).

Die Asen ahnten übles Verhängnis:
Geister verwirrten mit Runen das Wetter.
Urda sollte Odhrörir beschützen,
vor dem mächtigsten Winter.

Ungewöhnliche Vorgänge im Wetter und allgemein in der Natur wurden früher bei fast allen Völkern als böses Omen angesehen, die meistens durch böse Geister verursacht wurden. Der „böse Geist" schlechthin ist in der germanischen Mythologie Loki, der auch den Tod des Baldur herbeiführte, der zu dem Ragnarök führte.

„*Urd(-a)*" ist eine der drei Nornen, die unter den Wurzeln der Weltesche der Unterwelt sitzen und das Schicksal bestimmen. Sie scheint die „ursprüngliche Norne" zu sein, die später durch Skuld und Verdandi zu einer Dreiheit ergänzt wurde. Da sie das Schicksal kennt, kann sie entweder selber als Seherin aufgefaßt werden oder als diejenige, an die sich die Seherinnen innerlich wenden, um die Zukunft zu erkennen.

„*Ödrörir*" ist der Göttermet, der die Götter unsterblich macht. Da Urd ihn bewacht, muß er sich in der Unterwelt befinden. „Ödrörir" bedeutet „der die Ekstase anregt".

Der Hinweis, daß dadurch, daß der Met von Urd bewacht wird, großer Schaden (wie sich im folgenden zeigt, ist dies Baldurs Tod) vermieden werden kann, zeigt zumindestens, daß der Met mit dem Tod assoziiert wurde. Es hat geradezu den Anschein, als ob Baldurs Tod mit dem Raub des Mets identisch sein könnte – was dann dem Raub der Idun und ihrer Äpfel entsprechen würde.

Der „*mächtigste Winter*" ist identisch mit dem „Fimbulwinter" („riesiger Winter"), der den Ragnarök, also den Untergang der Götter ankündet. Hier zeigt sich bereits, daß Baldurs schwere Träume berechtigt sind, da sie auf seine bevorstehende Ermordung hinweisen, die dann zu dem Untergang der Götter führt.

Baldurs Tod ist offenbar identisch mit dem Winter.

Auf hob sich Hugin den Himmel zu suchen;
Unheil fürchteten die Asen, wenn er verweilte.
Thrains Ausspruch ist schwerer Traum,
Dunkler Traum ist Dains Ausspruch.

„*Hugin*" ist einer von Odins beiden Raben. Der andere heißt „Munin". Ihre Namen bedeuten „Gedanke" und „Erinnerung". Hugins Verweilen ist wohl als Tatenlosigkeit aufzufassen, d.h. als das Versäumen, die Zukunft zu erforschen.

„*Thrain*" ist ein Zwerg. Sein Name bedeutet „der Bedrohliche". Die Zwerge waren ursprünglich die Ahnen in der Unterwelt. Seine Aussage zu Baldurs Träumen kommt folglich wie die Worte der Urd aus der Unterwelt.

„*Dain*" („Gestorbener") ist ein Erdzwerg. Er hat zusammen mit dem Zwerg „Nabbi" („Pickel, Beule, Makel") Frejas Reittier, das Wildschwein Hildiswini („Kampfschwein") hergestellt. Dain wird manchmal auch als ein Zwerg angesehen, der Runen ritzen kann, d.h. der Magie beherrscht.

Eine Zweiheit von magiekundigen Zwergen geht mit einiger Wahrscheinlichkeit auf die beiden Pferde-Jünglinge („Alcis") vor dem Streitwagen des Göttervaters zurück. Sie passen hier als Orakel-Verkünder besonders gut, da die Pferde-Zwillinge am Abend bzw. im Herbst zusammen mit dem Sonnengott-Göttervater sterben und mit ihm am Morgen bzw. im Frühling dann wiedergeboren werden – wie Baldur.

Den Zwergen schwindet die Stärke. Die Himmel
Neigen sich nieder zu Ginnungs Nähe.
Alswidr sinkt oftmals herab,
Oft hebt er die Sinkenden wieder empor.

„Ginnung(-agap)" ist der „gähnende Abgrund", der am Anfang der Zeit die beiden Urgegensätze Niflheim (das kalte „Nebelheim" im Norden) und Muspelheim (das heiße „Flammenheim" im Süden) voneinander trennte.

Die in dem ersten Satz erwähnten Zwerge sind die vier Zwerge Austri, Sudri, Westri und Nordri, die in den vier Himmelsrichtungen den Himmel tragen, den die Asen aus dem Schädel des Urriesen Ymir erschaffen haben.

„Alswidr" („Allgeschwind") und „Arwakr" („Frühwach") sind die beiden Pferde, die den Sonnenwagen ziehen. Das drohende Unheil scheint mit dem Sonnenuntergang assoziiert worden zu sein, da sich Alswidr am Horizont befinden muß, um den Zwergen helfen zu können, die sich am unteren Rand der Himmelskuppel befinden – eine Deutung als (hoffnungsvoller) Sonnenaufgang gäbe an dieser Stelle wenig Sinn.

Zumindestens eines dieser beiden Pferde scheint den vier Zwergen dabei zu helfen, den Himmel zu tragen, wenn die schwächer werdenden Zwerge ihn zur Erde (Ginnung) niedersinken lassen. Vermutlich ist dies ein Bild für die drohende Zerstörung der Welt – dieses mythologische Motiv ist in neuerer Zeit durch einige Gallier, die nur „fürchten, daß ihnen der Himmel auf den Kopf fällt", wieder etwas bekannter geworden …

Es ist recht fraglich, ob dem Skalden, der diese Verse verfaßt hat, noch bewußt war, daß die beiden Zwerge Thrain und Dain aus der vorigen Strophe wahrscheinlich mit den beiden Pferden Alswidr und Arwakr identisch waren.

Nirgends haben Sonne und Erde Halt,
Widrige Winde wollen nicht enden.
In Mimirs klarer Quelle liegt verborgen
Die Weisheit der Männer. Wißt ihr, was das bedeutet?

Das drohende Niederstürzen des Himmels wird hier weiter ausgemalt: die Sonne beginnt zu wanken, die Erde schwankt und Sturm kommt auf. Dies ist wohl die große Gefahr, von der die Asen wissen (siehe Strophe 2 und 3), daß sie nach Baldurs Tod drohen wird – eine wahrscheinlich ursprünglichere Version des Ragnarök in Bildern von Naturkatastrophen.

Das Schwanken der Erde ist wohl als Erdbeben aufzufassen – das der Edda zufolge durch den gefangenen Loki entsteht, der seinerseits den Tod des Baldur durch seine List herbeiführt. Daher könnten Erdbeben als Omen für den drohenden Tod des

Baldur gegolten haben.

Die Erwähnung der „schwankenden Sonne" in dieser Strophe stützt die Deutung des „Alswidr am Horizont bei den Zwergen" in der vorigen Strophe als Bild für den Sonnenuntergang.

„*Mimir*" („Erinnerung") ist ein Tyr-Riese, der an der Quelle Hvergelmir („Brodelnder Kessel") unter dem Weltenbaum Yggdrasil am Nordpol wohnt. Odin unterhält sich an dieser Quelle des öfteren mit dem Schädel des toten Mimir. Auch dies ist wieder ein Bild dafür, daß die Asen versuchen, aus der Unterwelt eine zuverlässige Deutung von Baldurs schweren Träumen zu erlangen.

Da in der Edda das Wasser von Mimirs Quelle manchmal dieselben Qualitäten wie der Göttermet hat, ist dieses Motiv vielleicht bereits eine Anspielung auf die Göttin Idun, die die ewige Jugend der Asen sichert: durch die Äpfel ihres Baumes, durch den Göttermet und durch das Wasser der Mimir-Quelle.

Idun ist die Göttin der ewigen Jugend der Asen und somit auch der Wiedergeburt im Jenseits. In der Baldur-Mythe nimmt Nanna im Bestattungsritual die Rolle der Idun ein.

Im Tale weilt die vorwissende Dise
Von Yggdrasils Esche ist sie hinabgesunken,
Sie ist von Alfengeschlecht, Idun genannt,
Die Jüngste von Iwalts älteren Kindern.

Eine „Dise" ist eine Göttin (lateinisch „dea", indisch „devi").

Mit Iduns „*Herabsinken*" ist vermutlich gemeint, daß sie normalerweise neben dem Stamm der Weltesche steht und nach ihren Äpfeln schaut, aber nun erschöpft an dem Stamm des Weltenbaumes niedergesunken ist und zwischen seinen Wurzeln sitzt.

„*Iwalt*", „Iwaldi" „Alwaldi" und „Ölwaldi" bedeuten alle „Allkönig" oder Allmächtiger" und sind der Name eines Zwergenkönigs. Ein solcher Name kann nur die höchste Gottheit bezeichnen, d.h. den Göttervater Tyr, der in der Unterwelt ein Totengeist, also ein Zwerg ist. Als König der Götter ist Tyr im Jenseits auch der König der Toten, d.h. der Zwergenkönig.

Idun wird hier als eines seiner älteren Kinder aufgefaßt. Dies sieht nach einer Umdeutung aus, da das ursprüngliche Motiv die Wiedergeburt des Sonnengott-Göttervaters durch die Jenseitsgöttin gewesen ist.

Iduns Bezeichnung als „Alfe" paßt gut zu ihrer Auffassung als Tochter des Iwalt, da die „Alfen" die Totengeister sind und Iwalt der König der Zwerge/Alfen/Totengeister (Tyr) ist. Idun befindet sich folglich im Jenseits.

Diese spezielle Umdeutung des Verwandtschaftsverhältnisses zwischen Göttervater und Jenseitsgöttin, d.h. die Auffassung der Göttin als Tochter statt als Mutter des obersten Gottes findet sich in sehr vielen Mythen beim Übergang zum Königtum und dem mit ihm verbundenen Patriarchat. Durch diese Uminterpretation sollte die Herrschaft des Göttervaters abgesichert werden. Diese Umdeutung ist auch von nichtindogermanischen Religionen gut bekannt wie z.B. von den Ägyptern, bei denen die Mutter- und Himmelsgöttin Hathor anfangs den Sonnengott Re gebar, aber später dann als seine Tochter angesehen wurde.

Die Himmelskuppel ruht auf dem Weltenbaum und berührt ihn dort, wo der Polarstern steht. Da sich die Himmelskuppel auf dem Weltenbaum wie auf einer Schwertspitze dreht (wie es im Fiölswinlied heißt), hat die Schwäche der vier Zwerge und die Schwäche der Idun und des mit ihr verbundenen Weltenbaumes dieselbe Wirkung: Die zentrale Stütze der Himmelskuppel (Yggdrsail/Idun) und auch ihre vier äußeren Stützen (vier Zwerge) wanken, wodurch die Himmelskuppel niederzusinken beginnt und auf die Erde zu stürzen droht.

Idun ist im Folgenden die Göttin, von der die Asen Rat zu erhalten hoffen, da sie die Zukunft kennt. Sie wird offenbar der Urd gleichgesetzt.

Schwer nur erträgt sie dies Niedersinken
An den Stamm des ehrwürdigen Baumes gebannt.
Es behagt ihr nicht bei Nörwis Tochter,
Da sie heitere Wohnung daheim gewöhnt war.

Der „*ehrwürdige Baum*" ist die Weltesche.

„*Nörwi*" („der Finstere") ist ein Riese. Er ist der Vater der Riesin Nott („Nacht"). Der bedrohliche Zustand, den Baldurs Träume ankündigen, wird hier auch der Nacht verglichen. Von den Germanen wurden demnach Tag, Diesseits, Schönheit, Idun und Baldur miteinander assoziiert und als Gegensatz dazu auch Nacht, Jenseits, Chaos, Loki und Hödur miteinander verbunden.

Die Sieggötter sehen Nauma trauern
In der Wohnung des Wolfes: sie geben ihr ein Wolfsfell.
Damit bekleidet sie sich: verändert ist ihre Stimmung,
Sie erfreut sich der List, sie verwandelt ihre Gestalt.

Es ist zunächst einmal nicht deutlich, wer „*Nauma*" ist. Dieses Wort war ein germanischer Frauenname und auch der Name eines Flusses und einer Insel. Diese Namen leiten sich von dem Wort „naumae" ab, das „Geizige", „Leiche", „abquälen, zusammensinken, stoßen, rücken, nicken, winken" sowie „Enge, Schmalstelle" bedeutet. Der Ursprung dieser Worte ist das indogermanische „neu" für „nicken".

Der Fluß und die Insel lassen einen Zusammenhang mit dem Motiv der Unterwelt als einer Insel jenseits des tiefen Wassers vermuten. Auch die Bedeutung „Leiche" würde gut dazu passen. Das „niedersinken" ist eine Assoziation zu Idun, die am Weltenbaum niedersinkt. Die „enge Stelle" und das „stoßen" erinnern wiederum an den „Hnitbjerg" („Stoßfels"), in dem Gunnlöd den Met bewacht und der seinen Namen evtl. von dem sich magisch verschließenden (bzw. durch Magie verschlossenen) Eingang in die Grabkammer in seinem Inneren erhalten hat.

Nauma scheint demnach eine Jenseitsgöttin zu sein. Da bisher in den beiden vorigen Strophen von Idun die Rede war, kann man wahrscheinlich davon ausgehen, daß „Nauma" ein Beiname der Idun als Unterweltsgöttin auf der anderen Seite des Flusses auf einer Insel ist. Dieser Fluß ist offensichtlich mit dem Gjallar identisch. Die Insel entspricht dann der Halle der Hel – was Idun letztlich auch der Hel gleichsetzt, wobei Hel die Angst vor dem Jenseits verkörpert und Idun die Hoffnung auf ein Weiterleben nach dem Tod.

Die „*Wohnung des Wolfes*" ist die Unterwelt. Nauma trauert um den toten Baldur in der Unterwelt – oder wegen ihrer Vorahnung seines Todes. Dieses „Heim des Wolfes" könnte die Insel „Amswartnir" sein, auf der der Fenris-Wolf von den Asen gefangengehalten wurde.

Das „*Wolfsfell*", das die Asen („Sieggötter") der Idun geben, soll wohl ihre Reise in die Unterwelt bzw. ihren Aufenthalt in der Unterwelt, in die auch Baldur bald gelangen wird, ausdrücken. Hier werden anscheinend Nanna und Idun assoziiert.

Das Wolfsfell gibt Nauma-Idun-Nanna offenbar wieder Hoffnung. Diese Szene gibt eigentlich nur dann einen Sinn, wenn man hier von der Funktion des Wolfes als Helfer auf dem Weg ins Jenseits ausgeht und das Motiv als Anspielung auf die spätere Rückkehr aus dem Jenseits auffaßt. Zunächst einmal wird hier Nauma-Idun durch das Wolfsfell selber zu einer Wölfin und freut sich über diese „*List*", d.h. über diese Magie, durch deren Hilfe sie ins Jenseits reisen kann.

Mit einem Wolfsfell bekleidet sind ansonsten die Ulfhedinn-Ekstasekrieger – eine Anspielung auf sie ergibt hier aber nicht viel Sinn.

Widar wählte den Wächter der Brücke,
Den Gjallar-Bläser, um die Trägerin von Gjallars Sonne zu befragen,
Was sie von den Weltgeschicken weiß.
Ihn geleiten als Zeugen Loptr und Bragi.

„*Widar*" ist ein Beiname Odins, dessen Bedeutung unklar ist. Der „*Giallar-Bläser*" ist Heimdall; „*Gjallar*" („das Laute") ist Heimdalls Horn. „*Loptr*" („Luft") ist ein Beiname des Loki, der auf Lokis Schuhe, mit deren Hilfe er fliegen kann, hinweisen. „*Bragi*" ist der Gott der Dichtkunst und der Mann der Göttin Idun.

„*Gjallar*" („das Laute") ist der tosende Jenseitsfluß, über den die Gjallar-Brücke zum Tor der Hel führt. Die „Sonne des Gjallar-Flusses" ist eine Kenning für „Gold"; die „Trägerin des Goldes" ist eine Kenning für eine Königin, eine vornehme Frau oder auch für eine Göttin.

Die Skalden konnten durch die Wahl ihrer Kenningar sozusagen „Adjektive" zu dem Beschriebenen einfügen oder gewissermaßen Nebensätze bilden, die gezielte Assoziationen bei ihren Hörern hervorriefen. Daher ist die Kenning „Sonne des Gjallar-Flusses" hier sicherlich nicht zufällig statt z.B. der Kenning „Feuer des Meeres", die ebenfalls „Gold" bedeutet, gewählt worden. Der Skalde wollte offenbar auf den Zusammenhang zwischen Idun und dem Eingang in das Jenseits hinweisen. In derselben Weise wird wohl auch die „Sonne" hier auf eine Qualität der Idun anspielen: auf ihre freundliche Wärme, auf ihre Wichtigkeit für die Götter u.ä. Auf der Gjallarbrücke liegt zudem auch Gold.

Falls Idun auch der Freya gleichgesetzt worden ist, könnte dieses „Gold" auch Freyas goldener Halsreif „Brisingamen" sein.

Das Stehen der Idun auf der Gjallarbrücke entspricht der Deutung der „Nauma" als Idun auf oder hinter dem Jenseitsfluß „Nauma" in der vorigen Strophe.

Idun wird hier als Seherin aufgefaßt. Dies stimmt mit dem Ort, an dem Idun gerade steht, überein, da das Wissen über die Zukunft aus dem Jenseits kommt und sozusagen über die Gjallar-Brücke, auf der Idun gerade steht, ins Jenseits gelangt – die Seherinnen stehen an der Grenze zwischen den beiden Welten.

In dieser Strophe wird berichtet, daß Odin Heimdall in Begleitung von Loki und Bragi aussendet, die Seherin-Göttin auf der Gjallar-Brücke vor dem Tor in die Unterwelt nach einer Deutung der Träume des Baldur und ihrer Bedeutung zu fragen. Diese Göttin ist Idun und zugleich auch Nanna, Urd und Hel.

Zauberlieder sangen, auf Wölfen ritten
Rögnir und Regin gegen das Haus der Welt.
Odin spähte von Hlidskialfs Sitz
Und blickte den in die Ferne Reisenden nach.

Das „*Haus der Welt*" ist der Himmel. Seine Hüter sind die Asen in Asgard.

Die auf Wölfen reitenden Rögni und Regin sind den Asen offensichtlich feindlich gesonnen. Sie werden Wesen des Jenseits sein, da der Wolf ein „Jenseitstier" war und auch Hyrrokkin-Hel in der Baldur-Mythe auf ihrem Bruder, dem Fenris-Wolf ritt und ihren zweiten Bruder, die Riesenschlange Jörmungandr, als Zaumzeug benutzt hat. Mit dem „Haus der Welt" wird der Schädel des Urriesen Ymir gemeint sein, aus dem die Asen die Himmelskuppel schufen.

Rögni und Regin werden mit den „Geistern, die das Wetter verwirrten" aus einer früheren Strophe dieses Liedes identisch sein. Sie kannten offenbar Zauberlieder, mit denen sie Stürme herbeirufen konnten.

„*Hlidskialf*" („Tor-Insel" = Jenseitstor) ist Odins Thron, von dem aus er in die ganze Welt blicken und alles sehen kann, was geschieht. Dieser Thron hat in sich selber diese Fähigkeit, sodaß auch andere Götter diesen Thron nutzen können. Er bildet vermutlich zusammen mit dem Stierfell beim „utiseta" ein gemeinsames Motiv, da dieses Fell und der hölzerne Sitz, auf dem es liegt, auch in den Mythen einiger anderer indogermanischer Völker zusammengehören. Der Sitz ist in symbolischer Hinsicht mit dem Weltenbaum identisch, mit dem Odin auch sonst eng verbunden ist.

Die „*in die Ferne Reisenden*" sind die drei Asen Heimdall, Loki und Bragi.

Der Weise frug die Wächterin des Tranks,
Es frug der Nachkomme der Asen und seine Weggefährten,
Ob sie den Ursprung, die Dauer und das Ende
des Himmels, der Hel und der Erde wisse.

Die „*Wächterin des Tranks*", die der „Weise" (Heimdall) hier befragt, ist die Norne Urd, die offenbar mit Idun identisch ist.

Die Frage nach dem „Ursprung, der Dauer und dem Ende des Himmels, der Hel und der Erde" ist die umfassendste Frage, die einer Seherin gestellt werden kann. Ihre Antwort ist in der „Seherin Vision", dem ersten Lied der Lieder-Edda niedergeschrieben worden.

Sie mochte nicht sagen, was sie wußte,
Gefion konnte kein Wort sprechen und zeigte keine Freude:
Tränen schossen aus den Schildern des Schädels,
Die Mächtige war ihrer Macht beraubt.

„Gefion" („Geberin") ist eine Erdgöttin, die nun auch der Urd, der Idun, der Nanna und der Hel gleichgesetzt wird. „Gefion" ist wahrscheinlich ein Beiname der Freya als „freigiebige Göttin".

Die Gleichsetzungen der vielen Göttinnen miteinander ist aus vielen Mythologien gut bekannt. Diese Verbindungen liegen darin begründet, daß diese Göttinnen alle Aspekte der ursprünglichen Muttergöttin sind. Die umfassendste Synthese der verschiedensten Göttinnen war die Göttin Isis in der Zeit von ca. 300 v.Chr. bis ca. 400 n.Chr. im Mittelmeerraum. In „Odins Rabenzauber" wird offenbar auch eine solche Synthese entworfen, die vermutlich aber kein theoretisches Konstrukt war, sondern weitgehend den allgemeinen Empfindungen der Germanen gegenüber ihren Göttinnen entsprach.

Es gab viele Kenningar (Umschreibungen) für die Augen, von denen *„Schilder des Schädels"* und *„Sterne der Stirn"* die geläufigsten waren. Mit *„Schild"* ist hier ein Kampfschild gemeint, die bei den Nordgermanen rund waren.

Wie Idun am Weltenbaum niedergesunken war, so ist auch Gefion völlig kraftlos geworden. Vielleicht kann man *„sie war ihrer Macht beraubt"* auch mit „sie war einer Ohnmacht nahe" übersetzen.

Da hebt sich von Osten aus den Eliwagar
die dornige Rute aus dem Feld des reifkalten Riesen,
mit dem Dain jede Nacht alle Menschen in Schlaf schlägt,
die Midgard bewohnen.

„Eliwagar" sind die kalten Gletscher im Norden und im Osten. Der *„Riese"* ist Nörwi, der Vater der Riesin Nott („Nacht"), die bereits am Anfang des Liedes als Bedrohung für Idun erschienen ist. Das *„Feld des reifkalten Riesen"* ist eine Kenning für Eliwagar, also das Jenseits.

Mit einem *„Schlafdorn"* versetzte auch Odin die Walküre Brünhilde in einen tiefen Schlaf. Dieser Dorn ist vermutlich eine Kenning für einen todbringenden „Schlangenzahn" und somit für das Sterben allgemein – zudem wurden die Totengeister in den Hügelgräbern als Schlangen oder Drachen angesehen. Das Einschlafen als „kleiner Tod" konnte daher auch mit dem Schlafdorn, d.h. mit dem Schlangenzahn umschrieben werden. Dieser Schlafdorn befindet sich meist im Besitz des Odin, weil dieser als Schamanengott zwischen dem Diesseits und dem Jenseits hin- und herreisen kann. Ursprünglich ist der Schlafdorn einmal Tyrs Schwert gewesen.

„Dain" ist der magiekundige Zwerg, von dem am Anfang des Liedes schon berichtet wurde, daß er düstere Orakelsprüche zu Baldurs Traum verkündet hat.

„Midgard" („der Ort in der Mitte", „Mittelerde") ist der Name für das Diesseits, in dem die Menschen leben.

Die Kräfte ermatten, die Arme ermüden,
Schwindelnd wankt der weiße Schwertgott.
Benommenheit vertreibt den Wind der Riesin,
die Tätigkeit des Geistes aller Menschen.

Wie in der vorigen Strophe wird auch hier noch immer der Einbruch der Nacht beschrieben. Der *„weiße Schwertgott"* ist Tyr – der „weiße Gott" hingegen ist Heimdall, der jedoch einst mit Tyr identisch gewesen ist.

Das Bewußtsein und das Denken der Menschen wird hier als der *„Wind einer Riesin"* umschrieben – der „Wind" ist der Atemhauch und somit das Leben und die Seele; die „Riesin" ist die Jenseitsgöttin.

So sahen die Asen den Zustand der Jorunn:
überschwemmt von Sorgen, als keine Antwort von ihr kam.
Sie drängten stärker, als die Antwort verweigert wurde,
doch all ihre Worte waren ohne Nutzen.

„Jorunn" ist wahrscheinlich der Beiname oder eine Kenning der Erdgöttin oder der Norne Urd, da er sich aus „Jörd" für „Erde" und aus „Run" für „Zeichen, Geheimnis" zusammensetzt und daher „Erd-Geheimnis" oder „Erd-Rune" bedeutet.

Der Skalde hat in diesem Lied mittlerweile fünf Göttinnennamen benutzt und sie miteinander gleichgesetzt: Urd, Idun, Nauma, Gefion und Jorun.

Da fuhr hinweg der Führer der Gruppe,
Der Hüter von Herians gellendem Horn.
Den Sohn der Nal nahm er zum Begleiter;
Als Wächter der Erde blieb Grimnirs Skalde.

„Herian" („Heerführer") ist ein Beiname des Odin. Ihm gehört offensichtlich Heimdalls Horn. Der *„Hüter von Herians gellendem Horn"* ist Heimdall, der das *„gellende Horn"*, wie es scheint, nur von Odin geliehen erhalten hat.

„Nal" („Nadel"), die auch Laufey („Laubinsel") genannt wird, ist die Mutter des Loki – der Sohn der Nal ist folglich Loki. Ihr Name „Nal" („Nadel") könnte sie als Norne bezeichnen, da diese Spinnerinnen des Schicksalsfaden auch als Weberinnen aufgefaßt wurden – eine Auffassung der Nornen auch als als Näherin läge folglich sehr nahe.

„Grimnir" ist ein Beiname des Odin. „Grimnirs Skalde" (Dichter) ist folglich Bragi. Er blieb bei der Erde, womit an dieser Stelle wohl seine Frau Idun gemeint ist, die hier als Erdgöttin oder Jenseitsgöttin (die Unterwelt liegt unter der Erde) aufgefaßt wird.

Bragi ist vermutlich als Mann der Idun bei ihr in der Unterwelt geblieben.

Idun erscheint in diesem Lied recht archaisch und hat auch einige Ähnlichkeit mit Freya, die auch eine Totengöttin ist.

Heimdall, Loki und Bragi waren auch schon 5 Strophen vorher die drei Asen, die ins Jenseits reisten. Der *„Führer der Gruppe"* ist in beiden Strophen Heimdall. Vermutlich hat er diese Funktion, weil er als Wächter der Regenbogenbrücke ein Gott der

Verbindung von Diesseits und Jenseits ist. Bragi begleitet ihn, weil er der Mann der Idun ist und weil die Skalden ursprünglich auch Priester-Schamanen gewesen sind. Loki tritt hier wohl als Gott der Unterwelt auf.

Nach Wingolf kehrten Widars Gesandte zurück,
Beide von Forniots Söhnen getragen.
Unverzüglich traten sie ein und grüßten die Asen,
Yggrs Gefährten beim fröhlichen Bier-Fest.

„Widar" und „Yggr" sind Beinamen des Odin. „Wingolf" („Haus der Freundschaft") ist ein Gebäude neben Odins Halle Walhalla.

„Forniot" ist der Vater des Ägir (Meeresgott), des Logi („Feuer") und des Kari (Gott des Windes). „Forniot" bedeutet entweder „uralter Riese", womit dann vermutlich der Urriese Ymir gemeint wäre, oder „erster Besitzer", d.h. „erster Besitzer Norwegens", also Urahn der norwegischen Könige.

„Forniots Söhne" tragen offenbar zwei von Odins Gesandten nach Asgard zurück – Bragi ist bei Idun (im Jenseits) geblieben. Das Auftreten der Söhne des Forniots, der ein Riese und Lokis Vater ist, könnte ein Hinweis darauf sein, daß die drei Asen in das Jenseits gereist sind. Da einer der drei Söhne des Forniot der Windgott Kari ist, könnte das Getragenwerden der beiden Asen von Forniots Söhnen eine Umschreibung für „durch die Luft fliegen" sein – zumal Loki Schuhe besitzt, mit denen er fliegen kann, und Heimdall meistens auf der Regenbogenbrücke Wache hält, wobei er ja auch „in der Luft steht".

Heimdall, Loki und Bragi haben anscheinend in dieser Mythe den Vater des Loki im Jenseits besucht – so wie im Hymir-Lied die beiden Asen Thor und Tyr den Riesen Hymir, der Tyrs Vater ist, besuchen. Heimdall, Loki und Bragi wollen erfahren, was Baldurs Träume bedeuten und evtl. Idun heimholen, während Thor und Tyr von Hymir einen Braukessel erhalten wollen. Beide Jenseitsreisen stehen somit im Zusammenhang mit der Unsterblichkeit der Götter (Göttermet, Äpfel der Idun).

'Heil Dir, Hangatyr, glücklichster Ase,
Mögest Du auf dem Hochsitz des Mets walten!'
'Setzt euch in Freuden, ihr Götter, zum Trink-Fest,
Mögt ihr zusammen mit Yggjungur ewigen Segen genießen.

„Hangatyr" bedeutet „Hängender Tyr", d.h. „Hängender Gott". Dies ist ein Beiname des Odin, der sich darauf bezieht, daß Odin einst am Weltenbaum gehangen hat, als er nach Weisheit gesucht hat. Dieses Motiv stammt aus der Schamaneneinweihung, bei der der Einzuweihende vermutlich an einem Baum hing und in einen wassergefüllten Schacht hinuntergelassen wurde, der die Unterwelt symbolisierte – zumindestens war dies das Verfahren bei den Druiden-Einweihungen der Kelten, die die Nachbarn und nahen Verwandten der Germanen gewesen sind.

„*Yggjungur*", also „Junge des Ygg" im Sinne von „Nachkomme des (Gottes) Ygg" ist einer der vielen Beinamen des Gottes Odin. „Yggr" bedeutet „Schrecken", vielleicht aber auch „Pflock". Im ersten Fall wäre der Weltenbaum „Ygg-Drasil" das „Pferd des Schreckens", womit dann wohl Odins achtbeiniges Roß Sleipnir als dasjenige, das die Toten ins Jenseits bringt, gemeint wäre, während im zweiten Fall der Weltenbaum der Pflock wäre, an den Odin sein Pferd anbindet, wenn er ins Jenseits reist.

Eigentlich ist es ein Widerspruch, wenn Odin zugleich „Ygg" und „Nachkomme des Ygg" genannt werden kann – es sei denn, man geht von dem Motiv der Wiederzeugung und der Wiedergeburt aus, durch die ein Toter oder ein Schamane im Jenseits zu seinem eigenen Sohn wird.

Nach Bölwerks Gebot auf die Bänke verteilt,
Von Sährimnir speisend, saß die Göttersippe.
Skögul schenkte an den Tafeln aus Hnikars Schalen
Den Met des Mimir in Trinkhörner ein.

„*Bölwerk*" und „*Hnikar*" sind Beinamen des Odin. „*Sährimnir*" („rußiges Tier") ist ein Eber, den die Asen immer wieder schlachten und der sie ernährt und der immer wieder neu entsteht – wie auch Thors zwei Ziegenböcke.

„*Skögul*" ist eine der Walküren, die u.a. in Walhalla die Asen bedient. „*Mimir*" ist der Riese am Fuße der Weltesche. Er scheint hier derjenige zu sein, von dem der Met stammt. Mimir ist Tyr, der ehemalige Göttervater, der bis 500 n.Chr., als er von Thor und Odin abgesetzt worden ist, der „Herr des Mets" gewesen ist.

In der Strophe wird beschrieben, wie Odin die heimkehrenden Asen Heimdall und Loki zu einem (rituellen) Essen einlädt, bei dem sie Fleisch von dem immer aufs neue wiedergeborenen Eber essen und Met aus Mimirs Horn trinken. Dies könnte eine nach Asgard übertragene Szene aus dem germanischen Bestattungsritual sein.

Mancherlei frugen sie über dem Mahle:
Die Götter den Heimdall, die Göttinnen Loki,
ob ihnen die Frau Weissagung oder Weisheit gegeben hat –
den ganzen Tag frugen sie bis das Zwielicht kam.

Die „*Frau*" ist Idun, also die Jenseitsgöttin, die alles weiß, was in der Welt geschah, geschieht und noch geschehen wird.

Übel, sagten sie, sei es ihnen mit ihrer nutzlosen Botenfahrt
Von geringem Ruhm ergangen;
Es zeigte sich, daß es schwer ist, die List zu finden,
mit der von der Frau eine Antwort zu erhalten ist.

Omi antwortete und alle horchten:
'Die Nacht ist die Zeit für neuen Rat;
jeder, der es vermag, denke bis zum Morgen,
um nützlichen Rat für die Götter zu finden.'

„*Omi*" („(Kampf-)Lärm") ist ein Name des Odin als Allvater.

Die Erkenntnis, daß es manchmal hilft, eine Sache erst einmal zu überschlafen, ist offensichtlich schon recht alt.

Über den Rand der Ebene der Rindr
Sank nieder die müde Nahrung Fenrirs;
Vom Gastmal schieden die Götter,
Hroptr und Frigg grüßend, als Hrimfaxi auffuhr.

„*Rindr*" ist eine Riesin und die Erde. Die „*Ebene der Rindr*" ist die Erdoberfläche. Der „*Rand der Ebene der Rindr*" ist somit der Horizont. „Fenrirs müde Nahrung" ist der Gott Tyr, dem der Riesenwolf den rechten Arm abbiß. Da Tyr ursprünglich der Sonnengott-Göttervater gewesen ist, ist diese Szene eine düstere Umschreibung für „die Sonne (Tyr) ging unter und es wurde Nacht".

„*Hroptr*" ist ein Beiname des Odin. „*Hrimfaxi*" („Rußmähne") ist das Pferd der Riesin Nott („Nacht"). Sein Aufsteigen über den Horizont bedeutet, daß der Himmel dunkel wird. Der Rappe der Nacht bildet den Gegenpol zu den beiden Schimmeln („Alcis" = Dioskuren) vor dem Streitwagen des Sonnengott-Göttervaters Tyr.

Da trieb aus dem Tore wieder Dellings Sohn
Sein schön mit Gestein geschmücktes Roß;
weit über Menschenheim hinweg glänzte die Mähne des Pferdes:
Das Roß zog in seinem Wagen Dvalins Spielgesellen.

„*Delling*" bedeutet „Strahlender"" oder „Tagesbruch". Der Sohn des Tagesanbruchs ist die Sonne und somit auch der Gott Tyr, der am Abend vorher eingeschlafen, d.h. gestorben ist. „*Menschenheim*" ist die Welt der Menschen.

„*Dvalins Spielgeselle*" ist die Sonne, wie u.a. im Alwis-Lied erläutert wird. Thor überlistete den Zwerg Alwis dadurch, daß er ihn solange in Rätselfragen verstrickte, bis die Sonne aufging und der Zwerg durch die ersten Sonnenstrahlen zu Stein wurde. Diese Szene zeigt deutlich, daß die Zwerge Wesen der Unterwelt, ursprünglich also Ahnen waren.

Der Begriff „*Spielgeselle*" zeigt den bisweilen etwas derben Humor der Germanen, da das Spiel der Sonne mit Dwalin den Zwerg das Leben kostete.

Am nördlichen Rand der Jörmungrund
Unter des edlen Baumes äußerster Wurzel
Gingen zu ihren Lagern Riesinnen und Riesen.
Totengeister, Zwerge und Schwarzalfen.

Der „*edle Baum*" ist die Weltesche Yggdrasil, die am Nordpol stand. Wenn die Sonne aufgeht, gehen die Wesen der Unterwelt schlafen: Riesinnen, Riesen, Totengeister, Zwerge (Tote) und Schwarzalfen (Tote).

Auf standen die Herrscher, die Alfenbestrahlerin lief,
Njola ging nördlich gen Nifelheim;
Ulfrunas Sohn, der mächtige Hornbläser,
stieg Argiöl hinauf zu den Himmelsbergen.

Die „*Alfenbestrahlerin*" ist die Sonne. Hier sind mit Alfen die Lichtalfen gemeint. Anscheinend waren die Lichtalfen die Toten im Himmel und die Schwarzalfen die Toten unter der Erde.

„*Njola*" ist die Nacht.

Zusammen mit der Riesin „*Ulfruna*" („Wolfs-Rune") hat Odin den Heimdall gezeugt. Ulfrunas Sohn ist also der Gott Heimdall. Er steigt am Morgen die Regenbogenbrücke Bifröst („*Argiöl*" = „Adlerschrei") hinauf. Heimdall ist auch der „*Hornbläser*". Die „*Himmelsberge*" sind Asgard.

Das Lied „Odins Rabenzauber" folgt nun noch einmal in einer Version, in der alle Kenningar und Beinamen in die gewohnten Götternamen und die normalen Begriffe übersetzt worden sind.

Odin herrscht, Totengeister verstehen,
Wanen wissen, Nornen weisen,
Seherinnen (?) nähren, Menschen erdulden,
Riesen erwarten, Walküren streben.

Die Asen sahen Unheil kommen,
denn Geister verwirrten mit Runen das Wetter.
Urd sollte den Göttermet beschützen,
vor dem mächtigsten Winter.

Odins Rabe Hugin fliegt zum Himmel empor
damit er für die Asen alles erforscht.
Die Orakel der Zwerge Thrain und Dain
weisen auf großes Unheil hin.

Die vier Himmelstützer-Zwerge werden schwach.
Der Himmel neigt sich zum Abgrund nieder.
Das Sonnenpferd Alswidr sinkt am Abend herab,
oft hebt er die niedersinkenden Zwerge wieder empor.

Sonne und Erde haben keinen Halt mehr: Erdbeben künden den Tod des Baldur an,
heftige Stürme brausen.
Die Quelle des weisen Riesen Mimir kann den Männern keinen Rat mehr geben.
Wißt ihr, was das bedeutet?

Die Seherin-Dise sank erschöpft im Tal
an dem Stamm der Weltesche herab auf die Erde.
Sie stammt von den Alfen ab und wird Idun genannt,
Sie ist das jüngste der älteren Kinder des „Tyr im Jenseits".

Idun erträgt nur schwer dieses Niedersinken,
dieses erschöpfte Lehnen an dem Stamm des ehrwürdigen Weltenbaumes.
Es behagt ihr nicht in der Nacht,
Da sie an eine heitere Wohnung daheim gewöhnt war.

Die Sieggötter sehen Idun trauern
In der Wohnung des Wolfes: sie geben ihr ein Wolfsfell.
Damit bekleidet sie sich: verändert ist ihre Stimmung,
Sie erfreut sich der List, sie verwandelt ihre Gestalt.

Odin wählte den Heimdall, um die sonnengleiche Idun auf der Brücke über den
Jenseitsfluß Gjöll danach zu fragen,
Was sie von den Weltgeschicken weiß.
Ihn geleiten als Zeugen Loki und Bragi.

Rögni und Regin ritten auf Wölfen
und sangen Sturm-Zauberlieder gegen den Himmel.
Odin spähte von seinem Seher-Hochsitz
Und blickte den in die Ferne Reisenden nach.

Heimdall frug die Norne Idun, die den Met bewacht,
Es frugen Heimdall, Bragi und Loki,
Ob sie den Ursprung, die Dauer und das Ende
des Himmels, der Hel und der Erde wisse.

Sie mochte nicht sagen, was sie wußte,
Gefion konnte kein Wort sprechen und zeigte keine Freude:
Tränen flossen aus ihren Augen
Die Mächtige war der Ohnmacht nah.

Da naht sich von Osten aus dem Eisland die Nacht,
da erhebt sich der Schlaf,
den der Zwerg Dain jede Nacht alle Menschen,
die Midgard bewohnen, bringt.

Die Kräfte ermatten, die Arme ermüden,
Schwindelnd wankt Tyr.
Benommenheit vertreibt die klare Bewußtheit
in dem Geist aller Menschen.

So sahen die Asen den Zustand der Erdgöttin Jorunn-Idun,
die ihnen keine Antwort gab: sie war von Sorgen überschwemmt.
Sie drängten stärker, als die Antwort verweigert wurde,
aber all ihre Worten waren ohne Wirkung.

Da fuhr hinweg der Heimdall, der Führer der Gruppe,
Der Hüter von Odins gellendem Horn.
Den Loki nahm er zum Begleiter;
Als Wächter der Erdgöttin Jorunn-Idun blieb Odins Skalde Bragi.

In den Saal Wingolf neben Walhalla in Asgard kehrten Widars Gesandte zurück,
Beide wurden von Windriesen getragen.
Unverzüglich traten sie in Wingolf ein und grüßten die Asen,
Grüßten die um Odin versammelten Götter beim fröhlichen Bier-Fest.

'Heil Dir, Odin, glücklichster Ase,
Mögest Du auf dem Hochsitz des Mets walten!'
'Setzt euch in Freuden, ihr Götter, zum Trink-Fest,
Mögt ihr zusammen mit Odin ewigen Segen genießen.

Nach Odins Gebot auf die Bänke verteilt,
Von dem magischen Eber speisend saß die Göttersippe.
Die Walküre Skögul schenkte an den Tafeln aus Odins Schalen
Den Met in Trinkhörner ein.

Mancherlei frugen während des Mahles
Die Götter den Heimdall, die Göttinnen Loki:
ob ihnen Idun Weissagung oder Weisheit gegeben hat –
den ganzen Tag frugen sie bis das Zwielicht kam.

Übel, sagten sie, sei es ihnen mit ihrer nutzlosen Botenfahrt
Von geringem Ruhm ergangen;
Es zeigte sich, daß es schwer ist, die List zu finden,
mit der von Idun eine Antwort zu erhalten ist.

Odin antwortete und alle horchten:
'Die Nacht ist die Zeit für neuen Rat;
jeder, der es vermag, denke bis zum Morgen,
um nützlichen Rat für die Götter zu finden.'

Über den westlichen Horizont
Sank der müde Sonnengott-Göttervater Tyr nieder;
Vom Gastmal schieden die Götter,
Odin und Frigg grüßend, als die Nacht anbrach.

Da trieb der Sonnengott wieder aus dem Tore
Sein schön mit Gestein geschmücktes Roß;
weit über Menschenheim hinweg glänzte die Mähne des Pferdes:
Das Roß zog in seinem Wagen die Sonne.

Am nördlichen Rand der Erde
Unter des Weltenbaumes äußerster Wurzel
Gingen zu ihren Lagern Riesinnen und Riesen.
Totengeister, Zwerge und Schwarzalfen.

Die Götter erhoben sich, die Sonne trat ihren Weg an,
die Nacht floh nördlich nach Nifelheim;
Heimdall, der mächtige Hornbläser,
stieg die Regenbogenbrücke zu den Himmelsbergen empor.

Aus den Versen dieses Liedes lassen sich einige Charakterzüge der Göttin Idun entnehmen, die ihre bisherige Beschreibung deutlich bereichern:

    1. Idun ist mit dem Weltenbaum Yggdrasil verbunden, an dessen Stamm sie erscheint. Die Weltesche ist vermutlich mit ihrem Apfelbaum identisch.

    2. Idun wird mit der Norne Urd und mit der Riesin/Göttin Hel assoziiert und ist daher auch eine Seherin. Sie steht auf der Gjallarbrücke, also an dem Ort, an dem sich Diesseits und Jenseits treffen. Sie kennt daher wie die Seherin in dem Lied „Die Vision der Seherin" den Anfang, die Dauer und das Ende des Himmels, der Hel und der Erde.

    3. Iduns Erschöpfung ist ein Gleichnis für die Nacht und den Winter. Da diese beiden wiederum mit dem Jenseits assoziiert wurden, erscheint Idun auch in diesem Zusammenhang als eine Göttin des Jenseits.

    4. Idun wurde vermutlich auch mit Nanna, der Frau des Baldur assoziiert, dessen Tod von dem Fimbulwinter angekündigt wurde und der letztlich den Untergang der Asen herbeiführte – bis sie im Frühjahr (teilweise) wiedergeboren wurden.

    5. Idun ist eine Alfe, d.h. ein Totengeist im Jenseits.

    6. Idun wurde mit dem Fluß Nauma assoziiert, der ein anderer Name für den Jenseitsfluß Gjallar ist. Idun wurde auch mit der Insel Nauma assoziiert, die die Jenseitsinsel ist, auf der u.a. der Fenriswolf gefangengehalten wurde.

    7. Über den Beinamen „Nauma" hat Idun auch eine Verbindung zu dem Totenreich („Nauma" = „Leiche"), und zu den Hügelgräbern („Nauma" =

„Schmalstelle", womit vermutlich der Eingang eines Hügelgrabes bzw. das Tor der Hel gemeint ist).

8. Idun ist das jüngste der älteren Kinder des Iwald (Tyr), der der Zwergenkönig, d.h. der König der Toten ist.

Aus diesen zusätzlichen Anhaltspunkten ergibt sich folgendes Bild der Göttin Idun:

Sie ist eine Göttin des Jenseits und ist daher eng mit dem Jenseitsfluß und dem Weltenbaum verbunden. Sie gibt durch ihre Äpfel und ihre Nüsse, die dem Göttermet entsprechen, den Göttern ihre ewige Jugend. Idun kann sich in eine Nuß verwandeln buw. von Loki in eine Nuß verwandelt werden.

Met, Äpfel und Nüsse wurden von den Germanen auch ihren Toten mitgegeben, sodaß diese drei Dinge wohl auch das Weiterleben der Toten im Jenseits nach ihrer Wiedergeburt sichern sollten.

Idun ist die Tochter des Göttervaters Iwaldi-Tyr. Als Jenseitsbewohnerin ist sie eine Asin, eine Dise und auch eine Alfe – diese drei Begriffe scheinen in etwa dasselbe bedeutet zu haben.

Als Jenseitsgöttin steht sie den Nornen nahe und war auch eine Seherin, die die Vergangenheit und die Zukunft kennt.

Ihre Erschöpfung wurde mit der Nacht, mit dem Winter und der Unterwelt assoziiert.

Sie ist die Frau des Skaldengottes Bragi, aber sie hat ihr Lager auch mit dem Mörder eines Bruders, d.h. vermutlich mit Loki, dem einstigen Bruder des Tyr geteilt. Loki hat einst unter dem Zwang des Riesen Thiazi Idun entführt und dem Riesen übergeben, der sie mit nach Thrymheim nahm, von wo sie später Loki in Falkengestalt zurückgeholt hat.

I 5. Idun in den frühen Skaldenliedern

I 5. a) Haustlöng

In dem um ca. 985 n.Chr. von dem Skalden Thjodolfr af Hvinir im „höfischen Stil" verfaßten Gedicht „Haustlöng" („Herbstlang") wird Idun mehrfach erwähnt. Da in diesem Gedicht wie in der Prosa-Edda über die Entführung der Idun berichtet wird, lohnt es sich, es vollständig zu übersetzen und zu betrachten.

Thjodolfr hat dieses Lied für Thorleif als Dank für einen Prunkschild verfaßt, den ihm dieser geschenkt hat. Die auf ihm dargestellten Szenen aus der Mythe über Idun und Thiazi haben ihn zu dem „Haustlöng"-Lied inspiriert.

Zunächst einmal läßt der Titel „Herbstlang", der soviel wie „in der Zeit des Herbstes" oder „während des ganzen Herbstes" bedeutet, vermuten, daß die Entführung der Idun mit dem Herbst zu tun hat – was zutreffend wäre, wenn der Aufenthalt der Idun in der Unterwelt bei den Riesen symbolisch den Winter darstellt. Vielleicht hat Thjodolfr jedoch auch einfach das Lied in einem Herbst gedichtet ...

*Wie kann ich dies Geschenk
einer Kriegs-Wall-Brücke entgelten?
Ich erhielt eine schön-geschmückte
Stimmen-Klippe von Thorleif.*

*Ich kann die ungewisse Situation
dreier gottesmutiger Asen sowie Thiazi
auf der glänzend fertiggestellten Seite
des Schlachten-Tuches sehen.*

„Kriegs-Wall-Brücke", „Stimmen-Kliff" und „Schlachten-Tuch" sind alles Kenningar für den „Schild", der im Krieg wie ein Wall schützt, der die Stimmen wie eine Klippe bricht, da er sich auch fast vor dem Mund befindet, und der aufgrund seiner flachen Form einem Tuch ähnelt.

Auf dem Schild sind drei Asen und der Riese Thiazi zu sehen. Wie sich im folgenden zeigt, sind die drei Asen Odin, Loki und Hönir.

Später entdeckt Thjodolfr auf dem Schild auch noch den Gott Thor. Die dargestellten Szenen müssen sehr fein und klein gearbeitet gewesen sein, da sonst nicht so viele Details, wie im folgenden berichtet werden, auf ihnen hätten dargestellt werden können.

Diese derart aufwendig hergestellte Schilde sind nicht für den Kampf gedacht gewesen, sondern hingen in den Hallen der Könige und vielleicht auch in den Tempeln.

Der Wolf der redegewandten Dame flog laut lärmend
nur kurze Zeit zuvor
in der Gestalt eines Alten los,
zu den Erzählern der Geschichte.

Der Adler hat sich am Anfang dort niedergelassen,
wo die Asen ihr Fleisch in einen Erdofen gelegt hatten.
Der Tyr des Fluchtortes der Gefion des Berges
konnte nicht der Feigheit bezichtigt werden.

Die „redegewandte Dame" ist Idun; der „Wolf der Dame" ist der Riese Thiazi. Der „Alte" ist der Adler, dessen Gestalt Thiazi angenommen hat. Die „Erzähler der Geschichte" sind die drei Asen Odin, Hönir und Loki.

„*Gefion*" ist eine Asin; eine *„Gefion des Berges"* ist eine Riesin; der *„Fluchtort einer Riesin"* sind die Berge; daher ist der *„Tyr (Gott) der Berge"* ein Riese, d.h. Thiazi. Der „Berg einer Riesin" ist ein Hügelgrab wie z.B. der „Hnitbiorg" der Riesin Gunnlöd.

Diese Szene stimmt genau mit dem Beginn der Erzählung des Snorri in der Prosa-Edda überein. Im Gegensatz zu der Szene bei Snorri scheinen die Asen hier lediglich mehr auf gebratenes als auf gekochtes Fleisch Appetit zu haben.

Der teilweise unverhüllte Betrüger
verzögerte das Kochen der Götter.
Der Helm-tragende Weisheits-Geber der Haltgebenden
erklärte, daß da jemand dahinterstecke.

Die viel-weise Möwe der Wogen
der Eingeweide der Leichen-Werfer
sprach von dem uralten Baum herab.
Hönirs Freund war ihm nicht wohlgesonnen.

Der *„Betrüger"* ist Thiazi, der durch Magie das Garen des Fleisches in dem Erdofen der Götter verhinderte.

Die *„Haltgebenden"* sind die Asen. Die übliche Übersetzung von „bönd", „höpt", „gud", „hapta" u.ä. germanischen Worten als „Fessel" statt als „Haltgebende" ist irreführend, da das Wort „Fessel" sofort das Bild eines Gefangenen hervorruft. Die Worte

„höpt", „gud", „hapta" u.a. sind Heitis, d.h. Synonyme für das ursprüngliche „bönd", das zunächst einmal neutral „Band" bedeutet. Dieses Wort kann zwar eine Fessel bezeichnen, aber auch das Band, das zwei Menschen miteinander verbindet – das „Band" „bindet" nicht nur, sondern es kann auch „verbinden". Das indogermanische Wort „bhendh", auf das germanische „bönd" zurückgeht, bedeutet „Band", „Fessel", aber auch „Sippe, Verwandtschaft". Diese Doppel-Bedeutung findet sich in vielen indogermanischen Sprachen wieder. Der Bezeichnung der Götter als „bönd" liegt also die Vorstellung zugrunde, mit ihnen verbunden zu sein. Die Götter sind folglich die, die den Menschen Halt geben. Dies entspricht ganz dem Wort „Religion" („Rück-Verbindung"; „Rückhalt"). Der „Helm-tragende Weiheits-Geber der Haltgebenden" ist Odin.

Die *„Wogen der Eingeweide"* sind die Toten auf dem Schlachtfeld; die *„Möwe des Schlachtfeldes"* ist ein Aasfresser, d.h. eine Krähe, ein Rabe oder auch ein Adler, wobei die „Möwe" hier gewählt wurde, weil sie zu der „Woge" paßt; der hier gemeinte Vogel muß, da er viel-weise ist, ein Adler sein; die *Leichenwerfer"* sind die Krieger; die *„viel-weise Möwe der Wogen der Eingeweide der Leichenwerfer"* ist somit Thiazi in Adlergestalt.

„Hönirs Freund" ist Loki. Er war wütend auf den Adler, weil dieser das Garen des Fleisches verhinderte – wie auch Snorri berichtet.

Der Berg-Heuler verlangte
von dem Schritt-Meili,
daß er ihm seinen Teil
von dem geweihten Mahl reiche.

Der Freund des Rabengottes mußte blasen.
Der kampf-hungrige Rognir der Land-Wale
ließ sich dort nieder,
wo die drei arglosen Beschützer der Götter angekommen waren.

Der *„Heuler"* ist ein Wolf; der *„Berg-Heuler"* ist der Riese Thiazi.

„Meili" ist ein Sohn des Odin und ein Bruder des Thor. Sein Name bedeutet „der Liebliche" oder „Liebe". Dieser Name klingt wie eine Umschreibung des „schönen Gottes" Baldur, der ein Sohn des Odin und der Frigg ist. Das mit „Schritt" übersetzte germanische Wort „fet" kann sowohl „Schritt" als auch „Stief-" bedeuten. Da es für Hönir die Kenning „Langfuß" gibt, erscheint die Übersetzung als *„Schritt-Meili"* wahrscheinlicher. Hönir hat demnach Ähnlichkeit mit dem Asen Meili (Baldur?), aber er macht große Schritte, d.h. er ist in irgendeiner Weise ein Wanderer.

Da Hönir dem Asen We entspricht und beide in den Götterdreiheiten wie hier Odin,

Hönir und Loki die Priester und Heiler verkörpert, könnten diese für Hönir charakteristischen „Schritte" seine Reisen ins Jenseits sein, die er sowohl als Priester als auch als Heiler zur Ausübung benötigt, da diese Reise seine Verbindung zu den Göttern herstellte.

Thiazi verlangt in den ersten vier Versen einen Anteil von dem Fleisch der Götter. Er wendet sich dabei an Hönir, da dieser als Verkörperung der Priester und Heiler die Leitung der Zeremonie innehat. Daß es sich nicht um eine bloße Mahlzeit auf einer Reise handelt, ist daran ersichtlich, daß die Asen nicht bei einem „Mahl", sondern bei einem „geweihten Mahl" zusammensitzen.

Der „Rabengott" ist Odin; „sein Freund" ist Loki, der in das Feuer bläst, damit der Braten doch noch gar wird – obwohl der Adler-Riese Tyr-Thiazi dies verhindern will.

Ein *„Rognir"* ist ein „Herrscher" oder „König" (keltisch: „rig"; lateinisch: „rex"; indisch: „Radscha"). Dies ist ein häufiger Titel für die Götter der Germanen. *„Kampfhungrige Rognir"* ist eine recht undifferenzierte Kenning, da sie auf fast alle Götter außer Baldur und Hönir zutrifft. Die *„Land-Wale"* sind die Riesen. Der *„Kampfhungrige Rognir der Land-Wale"* ist daher Thiazi, der hier als „König der Riesen" oder „Gott der Riesen" erscheint.

Das Wort „varnendr", das hier mit „arglos" übersetzt wurde, hat auch die Bedeutung „ratlos" – die Asen setzen sich zunächst einmal nieder und hoffen/glauben, daß Thiazi nur blufft.

Der gnädige Herr der Erde
bat Farbautis Sohn
geschwind den Wal der Bogensehnen-Var
unter den Gefährten zu verteilen.

Aber der geschickte und unnachgiebige
Gegner der Asen
schnappte sich daraufhin
von der breiten Tafel vier Stier-Teile.

Der „Herr der Erde" ist Odin. „Farbautis Sohn" ist Loki.

Ein „Var" ist ein Eid und im übertragenen Sinne auch ein Ase oder Wane. Diese Heiti („Ein-Wort-Umschreibung") könnte sich auf den Friedensschluß zwischen Asen und Wanen beziehen, aber auch allgemeinen auf die Sippentreue innerhalb der Gemeinschaft der germanischen Götter. Ein „Bogensehnen-Var" ist demnach eine Gottheit, die gut jagen kann. Damit könnte sowohl Ullr als auch Skadi gemeint sein, da beide „Bogen-Asen" sind. Der „Wal des Bogensehen-Var" ist somit das erlegte Tier, das die Asen gebraten haben.

Der „Gegner der Asen" ist der Riese Thiazi, der sich gleich alle vier Viertel des Stieres schnappt – wie dies auch von Snorri berichtet wird. In der Edda brieten die Asen jedoch keinen Stier, sondern ein „Tier", das als „Köder-Rentier" umschrieben wird – vielleicht war dies eine Kenning für „Stier".

Die „*breite Tafel*" ist anscheinend ein Altar.

Der hungriger Vater der Marnar
aß gierig den Joch-Bär
an den Wurzeln einer Eiche
– das ist schon lange her –

bis der tiefsinnige verborgene Tyr
die Kriegsbeute, den fürchterlichen Feind der Erde
mit einem Hieb mit einem Stock
zwischen die Schultern niederschlug.

„*Der hungrige Vater der Marnar*" ist offensichtlich Thiazi – er war der Vater der Skadi, die wohl mit der hier genannten „Marnar" identisch ist.

Der „*Joch-Bär*" ist der Stier, der schon bei den Germanen den Pflug auf dem Acker ziehen mußte.

„*Tyr*" ist bei den Germanen zu einem allgemeinen Begriff für „Gott" geworden; der „*tiefsinnige Gott*" ist eigentlich Odin, aber hier ist offensichtlich Loki gemeint.

Die „*Kriegsbeute*" ist Thiazi – dies ist möglicherweise eine Anspielung darauf, daß Thiazi schließlich durch die Asen getötet wurde. Der „*fürchterliche Feind der Erde*" ist ebenfalls der Riese Thiazi – eigentlich ist er der Feind der Götter und nicht der Erde, aber vielleicht liegt dieser Kenning eine unbekannte Mythe zugrunde.

Die Last in den Armen der Sigyn,
den all die Mächte
in seinen Fesseln betrachten,
hing an dem Lehrer der Ski-Asin fest.

Der Stab haftete
an dem mächtigen Geist des Riesenlandes
und die Hände von Hönirs treuem Freund
an dem Ende des Stabes.

Die „*Last in den Armen der Sigyn*" ist Loki, der von seiner Frau Sigyn vor dem Gift der Schlange geschützt wird, nachdem die Asen Loki gefesselt haben und ihn dann „betrachten". Die „*Mächte*" sind die Asen.

Die „*Ski-Asin*" ist Skadi; ihr Vater ist Thiazi. Der „*mächtige Geist des Riesenlandes*" ist ebenfalls Thiazi.

„*Hönirs treuer Freund*" ist Loki.

Der Geier des Blutes
glücklich mit seiner Beute,
flog eine lange Strecke mit dem listigen Gott,
sodaß der Vater des Wolfes fast entzwei gerissen wurde.

Da war Thors Freund gezwungen,
Midungs Genosse um Gnade zu bitten;
trotz all seiner Macht war Loptr
kurz davor, zu zerbrechen.

„*Der Geier des Blutes*" ist Thiazi in Adlergestalt. Seine Beute ist Idun. Der „*listige Gott*" und auch der „*Vater des* (Fenris-)*Wolfes*" ist Loki.

„*Thors Freund*" ist Loki – diese Kenning ist vermutlich ironisch gemeint, da Thor und Loki ständig in Streit miteinander lagen. „*Loptr*" („Luft") ist ein Name des Loki, den dieser vermutlich erhielt, weil er mithilfe seiner Flug-Schuhe durch die Luft fliegen kann.

„*Midung*" ist offenbar ein Riese, da Thiazi sein „*Genosse*" ist.

Der Nachkomme von Hymirs Rasse
befahl dem Beweger der Geschichten, der verrückt war vor Schmerzen,
ihm die Maid zu bringen,
die die Heilung des hohen Alters der Asen kannte.

Der Dieb der Brising-Halskette
führte später die Dise
der Bänke der Guten Felder
zu den Höfen des Fels-Nidud.

„*Hymirs Rasse*" sind die Riesen, da auch Hymir ein Riese ist – ein sehr alter Riese, der als der Vater des Tyr angesehen wurde. Der „*Nachkomme der Riesen*" ist Thiazi – eine sehr unspezifische Kenning, die nur im Zusammenhang mit der Geschichte, in der sie steht, eindeutig wird.

Der „*Beweger der Geschichten*" ist Loki, der durch seinen Wutanfall die Entführung der Idun zumindestens mitverursacht hat.

Die „*Maid*" ist Idun. „*Die Heilung des hohen Alters der Asen*" sind Iduns Äpfel.

Die „*Brising-Halskette*" gehört der Freya und wurde ihr von Loki gestohlen, der folglich der „*Dieb des Brisingamen*" ist.

Die „*Dise*" („Göttin") ist Idun. Dieser Name stammt von indogermanisch „diuih" für „Göttin" ab (lateinisch „dea", indisch „devi" u.a.). Die „*Guten Felder*" sind vermutlich das Jenseits, das in den Isländersagas auch die „Todlosen Felder" genannt und als eine Art großer Garten geschildert wurde. Idun ist folglich die Göttin in einer Art Garten-Jenseits, in dem auch der Apfel-Weltenbaum stehen wird, an dem ihre Äpfel der ewigen Jugend wachsen.

„*Nidud*" ist ein König, der in dem Wieland-Lied vorkommt. Er ist eine Saga-Variante des Loki. Ein „*Fels-König*" ist folglich ein wichtiger Riese. Die „*Höfe der Riesen*" sind die Heime der Riesen in Utgard.

Die Bewohner der Rand-Berge
waren nicht unglücklich darüber,
daß Idun von Süden her
zu den Riesen gekommen war.

Alle Sippen des Yngvi-Freyr,
nun alt und grau,
versammelten sich zum Thing:
die Regin waren häßlich anzusehen ...

Die „*Rand-Berge*" sind Utgard, das aus einer Bergkette rings um das Weltmeer bestand. Die „*Bewohner der Rand-Berge*" sind die Riesen.

Der Norden war das kalte Niflheim, das oft auch als Jenseits angesehen wird. Der Süden war das warme Muspelheim, das entsprechend auch als Diesseits betrachtet wurde. Die von den Asen im Diesseits zu den Riesen im Jenseits reisende Idun bewegt sich daher von Süden nach Norden.

Die „*Sippen des Yngvi-Freyr*" und auch die „*Regin*" („Herrscher") sind die Asen. Freyr muß damals eine wichtige Rolle gespielt haben, sonst hätte Thjodolfr die Asen nicht mit einer solcher Kenning bezeichnen können.

... bis sie den Hund der strömenden Leichen-See
der Ale-Geberin fanden
und den Dieb banden, diesen Baum des Verrats,
der die Ale-Geberin fortgeführt hatte.

„Das wirst Du büßen, Loki",
sprachen die Wütenden,
„bis Du die wundervolle Maid zurückbringst,
die Freude der Haltgebenden."

Die *„strömende Leichen-See"* ist eine Kenning für „Blut"; der *„Hund des Blutes"* ist eine Kenning für *„Wolf"*; und „Wolf" ist schließlich eine Heiti für *„Riese"*, womit in diesem Fall Thiazi gemeint ist.

„Ale" („Bier") ist hier eine „zweistufige Heiti": Zunächst ist „Ale" eine Heiti für „Met" und in einem zweiten Schritt ist der Met eine Heiti für Iduns Äpfel. Diese „zweifache Heiti" was zeigt, daß der Met mit Iduns Äpfeln in symbolischer Hinsicht gleichbedeutend gewesen sein muß. Die *„Ale-Geberin"* ist Idun.

Ein *„Baum des ..."* ist eine beliebte Form, eine Kenning für einen Menschen und manchmal auch für einen Gott zu bilden, da der erste Mann und die erste Frau von den Göttern aus zwei Bäumen erschaffen wurden. Der *„Baum des Verrats"* ist Loki.

Die *„Wütenden"* sind die Asen. Die *„Haltgebenden"* sind die Asen – im Original steht wieder das Wort „bönd" für „Fessel, Band, Verbund, Verwandtschaft".

Die *„wundervolle Maid"* und auch die *„Freude der Haltgebenden"*, d.h. die *„Freude der Götter"* ist Idun.

Ich habe gehört,
daß der Tester von Hönirs Gedanken
später mit List und mit Hilfe einer Falken-Haut
die von den Asen Geliebte zurückholte.

Und der wütende Vater der Marnar
folgte mit kräftigem Spiel
der Feder-Klingen in einem Sturm
dem Nachkommen des Falken.

Der *„Tester von Hönirs Gedanken"* ist Loki, wie sich aus dem Zusammenhang ergibt. In welcher Weise Loki die Gedanken, Absichten und Pläne des Hönir testet, ist unklar – vielleicht bezieht sich diese Kenning auf eine unbekannte Mythe.

Die *„Falkenhaut"* ist das Falken-Gewand, das sich Loki von Freya geliehen hat, um sich in einen Falken verwandeln zu können – wenn man ins Jenseits reisen will, ist es sehr praktisch, wenn man ein Seelenvogel ist ...

Die *„von den Asen Geliebte"* ist Idun – schließlich hängt das Leben der Asen von Iduns Äpfeln ab.

Der *„wütende Vater der Marnar"* ist wie zuvor Thiazi. Wahrscheinlich ist „Marnar" seine Tochter Skadi.

Die „*Feder-Klingen*" sind die Federn des Thiazi in Adler-Gestalt. Dies ist nicht wirklich eine Kenning, da das Gemeinte („Feder") ein Bestandteil dieser Wortkombination ist. Die „Klingen" haben hier eher die Funktion eines Adjektivs, das den Charakter der Schwingen des Thiazi als bedrohlich kennzeichnen soll. Das *„kräftige Spiel der Feder-Klingen"* ist eine Kenning für „Flug".

„*Nachkomme des Falke*" ist sozusagen eine „Minimal-Kenning" für „Falke", der in diesem Zusammenhang wiederum eine Heiti für Loki ist.

Thjodolfrs Elan hat gegen Ende seines Gedichtes anscheinend nachgelassen, da er in dieser Strophe gleich zwei Kenningar verwendet hat, die nicht mehr so ganz den klassischen Regeln für die höfischen Gedichte entsprechen …

Stäbe begannen zu brennen,
die großen Mächte hatten sie geschält;
und der Sohn des Bräutigams der Greipar wird verbrannt.
Seine Reise ist plötzlich zu Ende.

Dies ist auf der Sohlen-Brücke meines Berg-Finnen abgebildet.
Ich habe die sich bewegende Klippe der Grenze,
die mit Schrecken geschmückt ist,
von Thorleif erhalten.

Die „*großen Mächte*" sind die Asen. Die brennenden Stäbe bilden eine Art Waberlohe, in der der „Sohn des Bräutigams der Greipar" verbrennt. Thiazis Mutter hieß offenbar Greipar.

„*Seine Reise ist plötzlich zu Ende.*" ist ein Understatement für „Er wurde umgebracht." Die Skalden schätzten dieses Stilmittel genauso wie die Ironie, drastische Bilder und die Darstellung einer Sache durch die Verneinung ihres Gegenteiles wie z.B. „Er war kein Feigling.".

Ein „*Finne*" ist ein Bewohner von Finnland. Da Finnland von Skandinavien aus gesehen im Norden lag, teilte es manchmal mit Niflheim die Jenseitssymbolik. Daher war „Finne" als Heiti für „Mensch" gut geeignet, wenn sie in einer Kenning für „Riese" gebraucht wurde wie hier in „*Berg-Finne*" für Thiazi.

Die „*Sohlen-Brücke des Berg-Finnen*" ist offensichtlich der Schild, den Thjodolfr von Thorleif erhalten hat und hier besingt. Die „*Sohlen-Brücke*" muß also etwas sein, das dann, wenn es sich auf einen Riesen bezieht, ein Schild ist. Eine „Brücke" ist zunächst einmal etwas, worauf man steht. In den Mythen findet sich dazu der Tyr-Riese Hrungnir, der sich bei seinem Kampf mit Thor aufgrund einer List des Thialfi auf seinen Schild gestellt hat statt in in der Hand zu halten – und deshalb von Thor getötet werden konnte.

„Die sich bewegende Klippe der Grenze" ist ebenfalls der Schild, der fest wie eine Klippe seinen Träger von seinen Gegnern abgrenzen, d.h. ihn vor ihnen schützen soll. Die „Schrecken", mit denen dieser Schild „geschmückt" ist, sind die Szenen aus der Idun-Mythe. Diese Umschreibung läßt vermuten, daß die Germanen bisweilen auf ihre Schilder Bilder malten oder schnitzten, die ihre Feinde erschrecken sollten – so wie die Drachenköpfe an ihren Langschiffen.

Auf dem Schild findet sich auch Thors Kampf gegen Hrungnir dargestellt, in der die Göttin Idun jedoch nicht vorkommt. Die Idun-Mythe nahm also nur ca. die Hälfte der Vorderseite des Schildes ein.

Die Idun-Mythe und die Hrungnir-Mythe sind von Thorleif, dem der Schild gehörte und der ihn vermutlich in Auftrag gegeben hatte, als gleichwichtig und als sich ergänzend angesehen worden. Beiden Mythen ist gemeinsam, daß sie Kämpfe gegen Riesen darstellen – was ein passendes Thema für einen Schild als Defensiv-Waffe ist.

Die Bezeichnung der Göttin Idun als „wundervolle Maid" ist eine Umschreibung, die sich einfach auf das Aussehen der Idun beziehen könnte, oder es könnte eine Kenningar für die „Göttin mit den magischen Äpfeln" sein. In beiden Fällen ergibt dies jedoch nichts Neues. Dasselbe gilt für die Kenning „Freude der Asen".

Die „Nord-Süd-Bewegung" der Idun bestätigt den Zusammenhang der Idun-Mythe mit den Jahreszeiten, mit kalt und warm, mit Diesseits und Jenseits, mit Nacht und Tag, mit Baldur und Hödur, mit Thor und Loki ... Die Idun-Mythe mit dem Raub der Göttin und ihrem „Zurück-Raub" könnte demnach ursprünglich ein zyklischer Vorgang gewesen sein – der endlose Kampf zwischen dem Sommergott Tyr und dem Wintergott Loki, durch den die Jahreszeiten erklärt wurden.

Die Bezeichnung der Idun als die *„Dise der Bänke der Guten Felder"* zeigt recht sicher, daß sie eine Art Göttin des Jenseitsgartens („Gute Felder") ist, die mit ihren magischen Äpfeln dort wohl nicht nur den Asen, sondern auch den Toten ihre ewige Jugend gibt. Diese Deutung wird durch die Funde von Körben mit Äpfeln und Nüssen in germanischen Gräbern bestätigt.

Vermutlich kann man sich dieses Jenseits der Idun als einen Apfelbaumgarten vorstellen.

I 6. Der Raub der Idun

Der Raub der Idun steht nicht alleine in den Mythen da. Durch den endlosen, zyklischen Kampf zwischen dem Sommergott Tyr und dem Wintergott Loki kommt es zu einem ständigen gegenseitigen Raub der Göttin, ohne die der jeweils tote Gott nicht wiedergeboren werden kann, sowie eines Raubes der Wiedergeburtssymbole dieser Göttin wie des Äpfels, des Mets und des Brisingamens.

Der Raub der Göttin und ihrer Symbole	
Tyr raubt	*Loki raubt*
in den frühen Versionen rauben Tyr-Thiazi und Loki	
Tyr-Thiazi raubt Idun	Loki holt Idun zurück
Tyr-Heimdall holt das Brisingamen zurück	Loki raubt das Brisingamen
in einer Version holt Odin das Geraubte zurück	
Tyr-Suttung raubt den Göttermet	Odin holt den Met zurück
in den späteren Versionen tötet Thor den Tyr-Riesen	
der Riesenbaumeister (Tyr) verlangt Freya	Thor tötet den Riesenbaumeister (Tyr)
Thrym raubt Thors Hammer	Thor und Loki holen den Hammer zurück
Tyr-Hrungnir will Freya und Sif rauben	Thor tötet Tyr-Hrungnir
-	Thor raubt Tyr-Hymir den Kessel und tötet ihn

I 7. Idun und Loki

Wenn man das bereits angeführte Lied „Lokasenna" betrachtet, erhält man den Eindruck, als ob Loki mit so gut wie allen Asinnen fremdgegangen wäre.

Hier folgen noch einmal die Strophen, in denen Loki mit seinen Verführungen der Frau des Tyr (Idun), der Idun, der Skadi und der Sif prahlt:

Loki (zu Tyr):
„Schweig Du, Tyr! Deinem Weibe geschah's,
Daß sie von mir ein Kind bekam.
Nicht Pfenningsbuße empfingst Du für die Schmach:
Habe Dir das, Du Hahnrei!"

Loki (zu Idun):
„Schweig, Idun! Von allen Frauen
Mein ich Dich die Männertollste:
Du legtest die Arme, die leuchtenden, gleich
Um den Mörder eines Bruders."

Loki (zu Skadi):
„Gelinder sprachst Du zu Laufeyjas Sohn,
Als Du mich auf Dein Lager ludst.
Dessen gedenk ich nun, da es genauer gilt
Unsre Meintaten zu melden."

Loki (zu Sif):
„Du einzig bliebest verschont, wärest Du immer keusch
Und dem Gatten ergeben gewesen.
Einen weiß ich und weiß ihn gewiß,
Der auch den Hlorridi zum Hahnrei machte.
(Und das war der listige Loki.)"

Über die Asinnen Gefion, Frigg und Freya berichtet Loki ihre Untreue gegenüber ihren Männern:

Loki (zu Gefion):
„*Schweig Du, Gefion! sonst vergeß ich's nicht*
Wie Dich zur Lust verlockte
Jener weiße Knabe, der Dir das Kleinod gab,
Als Du den Schenkel um ihn schlangst."

Loki (zu Frigg):
„*Schweig Du, Frigg! Fiörgyns Tochter bist Du*
Und den Männern allzumild,
Die Wili und We als Widrirs Gemahlin
Beide bargst in Deinem Schoß."

Loki (zu Freya):
„*Schweig Du, Freyja, Dich vollends kenn ich;*
Keines Makels mangelst Du;
Der Asen und Alfen, die hier drinnen sind,
Bist Du jedes Buhlerin."

Schließlich hält er der Schwester des Njörd sowie deren Tochter Freya auch noch Inzest vor:

Loki (zu Niörd):
„*Laß endlich, Niörd, den Übermut,*
Ich verhehle es nicht länger:
Mit der eignen Schwester den Sohn erzeugtest Du,
Der eben so arg ist wie Du."

Loki (zu Freya):
„*Schweig Du, Freyja, Gift führst Du mit Dir,*
Bist allen Unheils voll.
Vor den Göttern umarmtest Du den eigenen Bruder:
So böser Wind entfuhr Dir, Freyja!"

In diesen Strophen finden sich somit die folgenden „Ehebrüche" und sonstigen „sexuellen Vergehen":

Die Untreue der Asinnen (und Asen)		
Ehemann	*verführte Frau*	*Verführer*
Tyr	Frau	Loki
?	Idun	Mörder eines Bruders
Niörd	Skadi	Loki
Thor	Sif	Loki
Skjold Odin-Sohn	Gefion (Freya)	Heimdall
Odin	Frigg	Wili, We (Odins Brüder)
Freyr	Freya	alle Asen und Alfen
Niörd	seine Schwester Nerthus	-
Freya	seine Schwester Freya	-

Der „Mörder eines Bruders" ist in den alten Mythen Loki, da sich die Brüder Tyr (Sommergott) und Loki (Wintergott) abwechselnd töteten. In den neueren Mythen sind dies Baldur (Nachfolger des Tyr) und Hödur (Nachfolger des Loki).

Da Loki auch zu „alle Asen und Alfen" zählt, hat Loki fünf der Asinnen verführt:

Der „Verführer" Loki		
Ehemann	*verführte Frau*	*Verführer*
Tyr	?	Loki
Freyr	Freya	Loki
Thor	Sif	Loki
?	Idun	Loki
Njörd	Skadi	Loki

Es fällt auf, daß Odin, Freyr und Thor (sowie Sif) die drei Götter sind, die von den beiden Zwergen Sindri und Brock die sechs magischen Gegenstände erhalten. Statuen dieser drei Asen standen auch im Tempel von Uppsala und sind auch auf dem Wandteppich von Skog, der um ca. 1150 n.Chr. angefertigt worden ist, abgebildet.

Da Tyr der Vorgänger des Odin als Göttervater ist, bleibt nur Njörd als Gott, der zunächst nicht in diese Dreiheit paßt. Da Niörd jedoch eine der vielen Formen des ehemaligen Sonnengott-Göttervaters Tyr in der Wasserunterwelt (Niörd am Meeresstrand) ist, ist dies eine Variante des Tyr/Loki-Motivs.

Nun gibt es in dieser Liste eine Asin, die keinen in der Edda erwähnten Mann hat sowie einen Asen, der zwar eine Frau hat, deren Name aber nicht überliefert worden ist. Wenn man zudem noch bedenkt, daß Loki hier die Frauen des Göttervaters und seiner drei Brüder verführt hat, liegt es nahe, aus Tyr und Idun ein Paar zu bilden.

Diese Kombination würde sich nahtlos in die übrigen Mythen einfügen und erscheint geradezu wie der Vorgänger der Mythe über Odin und Gunnlöd: Der Göttervater reist zu ihr, sie wohnt im Jenseits wie Gunnlöd, sie besitzt das „Lebenselixier" wie Gunnlöd, sie ist mit dem Adler als Seelenvogel des Göttervaters assoziiert …

Im Grimnir-Lied erscheinen in einer Liste drei Schlangen mit den Namen „Grafwitnir" („Grab-Wolf"), „Grabak" („Graurücken") und Grafwöllund („Grab-Wieland"). Diese als „Wolf" umschriebenen Schlangen scheinen Gestalten des Wieland zu sein. Da Wieland der Gott Tyr in der nächtlichen bzw. winterlichen Unterwelt ist, verwundert auch die Umschreibung der Schlangen mit „Wolf" nicht mehr, da Tyr aufs engste mit dem Fenris-Wolf verbunden gewesen ist.

Es hat also den Anschein, daß Odin auch seine Schlangen-Verwandlung auf seinem Weg in die Unterwelt zu Gunnlöd von seinem Vorgänger Tyr übernommen hat – wofür auch spricht, daß auch Zeus (der Tyr entspricht) bei seiner Reise in die Unterwelt die Gestalt einer Schlange angenommen hat.

Loki hat offenbar auch eine Nacht mit Tyrs Frau verbracht, die sonst in der Edda gar nicht erwähnt wird. Lediglich aus Augsburg ist eine Schutzgöttin mit dem Namen „Ciza" bekannt, was die weibliche Form von „Ziu", wie „Tyr" dort genannt wurde, sein könnte.

Es hat also den Anschein, als ob die eben aufgestellte Liste einige Jahrhunderte vor Snorris Niederschrift der Edda noch etwas einfacher gewesen wäre und Tyr und Idun ein Paar gebildet hätten. Möglicherweise hat die Mythe über Skadi und Niörd einen anderen Ursprung als die über „Loki und die drei Brüder", denen er die Frauen ausgespannt hat. Vermutlich wird der Schamanengott Odin zu dieser Zeit noch nicht an die Stelle des Tyr getreten sein.

Diese frühere Liste hätte dann wie folgt ausgesehen:

Der „Verführer" Loki		
Ehemann	*verführte Frau*	*Verführer*
Tyr (später Odin)	Idun	Loki
Tyr-Niörd	Skadi	Loki
Freyr	Freya	Loki
Thor	Sif	Loki

Diese Mythe ähnelt den Mythen des „slawischen Loki", der „Veles" genannt wird und der jedes Jahr aufs neue dem Donnergott Perun dessen Rinder, dessen Kinder und dessen Frau raubt – und sie danach jedes Mal wieder abgenommen bekommt. Dies entspricht in den früheren, Tyr-zentrierten Mythen der Germanen dem endlosen, zyklischen Kampf zwischen dem Sommergott Tyr und dem Wintergott Loki.

I 8. Idun im Süden

In dem frühen Skalden-Lied „Haustlöng" wird gesagt, daß Idun *„von Süden her"* zu dem Riesen Thiazi gekommen war, der folglich im Norden im kalten Niflheim („Nebelheim") wohnt:

Die Bewohner der Rand-Berge
waren nicht unglücklich darüber,
daß Idun von Süden her
zu den Riesen gekommen war.

Auch im „Wieland-Lied" sind die drei Walküren in Schwanengestalt von Süden her zu den drei Brüdern Wieland, Egil und Slagfid gekommen:

Durch Myrkwid flogen Mädchen von Süden,
Alwit die junge, Urlog zu entscheiden.
Sie saßen am Strande der See und ruhten;
Schönes Linnen spannen die südlichen Frauen.

Im „Sonnenlied" wird ein Sonnenhirsch von Süden her vermutlich zu einem Ritual gebracht:

Den Sonnenhirsch sah ich von Süden kommen
Von zweien am Zaum geleitet;
Auf dem Felde standen seine Füße,
Die Hörner hob er hoch zum Himmel.

Im „Atli-Lied" aus der Edda wird bei der südlichen Sonne auf den Ring des Ullr geschworen. Die südliche Sonne ist hier vermutlich identisch mit Ullr, auf dessen Ringe geschworen wird, und auch identisch mit Sieg-Tyr, der hier vermutlich sowohl den Gott Tyr als auch seinen Nachfolger Odin bezeichnet:

So ergeh' es auch Dir, Atli, wie Du Gunnar hieltest
Oft geschworne Eide, die ihr einst gelobt
Bei der südlichen Sonne, bei des Sieg-Tyrs Hügel,
dem geschützten Bett des Friedens, bei Ullers Ring.

In der Völuspa wird erzählt, daß zu Beginn des Ragnarök der Tyr-Riese Surt von Süden her kommt und alles zerstört:

Surt fährt von Süden mit flammendem Schwert,
Von seiner Klinge scheint die Sonne der Götter.
Steinberge stürzen, Riesinnen straucheln,
Zu Hel fahren Helden, der Himmel klafft.

In der Edda wird in der Skaldskaparmal auch der „zentrale Ort" im Süden beschrieben:

(Har sprach:) „*Am südlichen Ende des Himmels ist der Palast, der Gimle heißt, und der der schönste von allen und glänzender als die Sonne ist. Er wird stehen bleiben, wenn sowohl Himmel als Erde vergehen, und alle guten und rechtschaffenen Menschen aller Zeitalter werden ihn bewohnen.*
So heißt es in der Wöluspa:

Einen Saal sah ich lichter als die Sonne,
Mit Gold gedeckt, auf Gimles Höhn.
Da werden bewährte Leute wohnen,
Und ohne Ende der Ehren genießen."

Da frug Gangleri: „Wer bewahrt diesen Palast, wenn Surturs Lohe Himmel und Erde verbrennt?"
Har antwortete: „Es wird gesagt, daß es einen Himmel südlich und oberhalb von diesem gebe, welcher Andlang heiße. Und noch ein dritter Himmel sei über ihnen, welcher Widblain heiße, und in diesen Himmel, glauben wir, sei der Palast gelegen und nur von den Lichtalfen glauben wir diesen Palast jetzt bewohnt."

Der Name „Gimle" bedeutet „Alter (Ort)".
Der Name des Himmels „Andlang" südlich und oberhalb von Gimle setzt sich aus „andi" für „Atem, Geist, Seele" und aus „long" für „weit" zusammen. Er ist folglich der „weite Himmel der Seelen". Er wird manchmal auch „andlegr himinn" genannt, was man am ehesten als „spiritueller Himmel" übersetzen kann, was im Mittelalter ein geläufiger Begriff für das Himmelsjenseits gewesen ist.
Der Name des Himmels „Widblain" setzt sich aus „wid" für „getrennt, Witwe(-r)" und aus „blainn" für „blau, schwarz, dunkel, Leiche", das im übertragenen Sinne auch „Riese, Zwerg, Objekt im Jenseits" bedeuten konnte. Beides zusammen bedeutet daher in etwa der „ferne Himmel".

In der Skaldskaparmal wird noch an einer zweiten Stelle über Gimle berichtet:

Da frug Gangleri: „Was geschieht hernach, wenn Himmel und Erde verbrannt sind und alle Welten und die Götter alle tot sind und alle Einherjer und alles Menschenvolk? Ihr habt vorhin doch gesagt, daß ein jeder Mensch in irgendeiner Welt leben soll durch alle Zeiten."
Har antwortete: „Es gibt viele gute und viel üble Aufenthalte; am besten ist's, in Gimle zu sein. Sehr gut ist es auch für die, welche einen guten Trunk lieben, in dem Saale, der Brimir heißt und gleichfalls im Himmel steht."

Der Süden als Symbol des „guten Jenseits" war offensichtlich ein so starkes Bild, daß es auch den Übertritt der Germanen zum Christentum überstand. In der Skaldskaparmal heißt es:

„Wie soll man Christus umschreiben?"
„Wie folgt: Indem man ihn solchermaßen nennt: Erschaffer des Himmels und der Erde, der Engel und der Sonne; Herrscher der Welt und des Himmlischen Königreiches und Jerusalems und des Jordans und des Landes der Griechen; Berater der Apostel und der Heiligen.
Die früheren Skalden haben über ihn in Metaphern über Urds Brunnen und über Rom geschrieben – wie Eilifr Godrunason sang:

So hat Roms mächtiger Herrscher
in den felsigen Reichen seine Macht bestätigt;
sie sagen, daß er im Süden
an der Quelle der Urd sitzt."

Der Süden hat in der germanischen Mythologie offenbar eine besondere Bedeutung. Er ist mit verschiedenen Motiven verbunden:

- Idun reist von Süden her zu den Riesen im Norden,
- die drei Walküren fliegen von Süden her ins Wolfstal zu Wieland und seinen beiden Brüdern,
- der Sonnenhirsch wird von zwei Personen von Süden her zum „Feld" geleitet,
- auf dem Hügelgrab des Sieg-Tyr werden bei der südlichen Sonne auf Ullrs Ring Eide geschworen,
- die Quelle der Norne Urd liegt im Süden,

- Christus in Rom und an der Quelle der Urd (sowohl Tyr als auch Christus wurden als die Sonne angesehen),
- der Tyr-Riese Surt kommt von Süden her mit seinem Flammenschwert zum Ragnarök, und
- am Südende des Himmels steht der Palast Gimle, der strahlender als die Sonne ist, der den Ragnarök überdauert und der der beste Ort für die Toten ist.

Es hat den Anschein, als ob es bei den Germanen zwei Formen des Jenseits gegeben hätte: das schöne Muspelheim im Süden und das schreckliche Niflheim im Norden. Im Süden wohnten die „guten Seelen", die Walküren, die Sonne, der Sonnenhirsch, Idun und der Tyr-Riese Surt. Im Norden lebten die Riesen.

Der Süden wurde zudem mit dem Tag, dem Sommer und der Wärme assoziiert und der Norden mit der Nacht, dem Winter und der Kälte. Der Gegenpol zu dem Sonnenhirsch könnte evtl. der Drache als der Tote in seinem Hügelgrab sein.

Der Norden scheint hier der Ort zu sein, an dem der Göttervater in der Unterwelt ist, und der Süden der Ort, an dem er im Diesseits ist. Diese Zuordnung wäre eine vereinfachende Verallgemeinerung der Symbolik der Himmelsrichtungen.

Süden und Norden	
Süden	*Norden*
warm	kalt
Tag	Nacht
Sommer	Winter
Gimle-Jenseits („Ort in der Waberlohe")	Nastrand-Jenseits („Leichenstrand")
Idun bei den Asen in Asgard	Idun bei den Riesen im Wolfstal
Walküren alleine	Walküren bei den drei Brüdern
Schwäne/Schwanengestalt (Walküre)	Wölfe/Wolfsgestalt (Idun im Wolfsfell)
Urd an ihrer Quelle	(Hel in der Unterwelt)
Sonnenhirsch	(Drache?)
Sonne	(Dunkelheit)
südliche Sonne – Sieg-Tyr und Ullr	(Riesen)
Wiedergeburt des Göttervaters Tyr	Tod des Göttervaters Tyr
Christus an der Urd-Quelle	(Hel-Hölle?)

Es gibt in fast allen Mythologien eine einheitliche Symbolik der vier Richtungen, die mit der Sonne zusammenhängt. Diese Symbolik läßt sich schon für Göbekli Tepe in der frühen Jungsteinzeit nachweisen.

Die Symbolik der vier Richtungen				
Richtung	*Himmelsträger*	*Sonne*	*Symbolik*	*Tyr*
Osten	Zwerg Austri	Sonnenaufgang	(Wieder-)Geburt	Geburt des Tyr
Süden	Zwerg Sudri	Tag	Leben	Tyr in seiner Kraft
Westen	Zwerg Westri	Sonnenuntergang	Tod	Tod des Tyr
Norden	Zwerg Nordri	Nacht	Jenseits	Ullr (der tote Tyr)

Der dynamische Aspekt dieser Richtungs-Symbolik, die den Gegensatz Süden/Wärme/Tag/Leben/Diesseits und Norden/Kälte/Nacht/Jenseits als Hauptachse enthält, ist der endlose, zyklische Kampf zwischen dem Sommergott Tyr im Süden und dem Wintergott Loki im Norden.

I 9. Die Sippe der Idun

In dem Edda-Lied „Odins Rabenzauber" wird Idun als *„das jüngste der älteren Kinder des Iwaldi"* bezeichnet. Iwaldi hat demnach mindestens zwei Gruppen von Kindern, wobei sich diese Gruppen eigentlich nur dadurch unterscheiden können, daß sie von verschiedenen Müttern stammen. Idun hat folglich Geschwister und Halbgeschwister.

Der Name oder genauer gesagt, der Titel „Iwaldi" erscheint auch in der Prosa-Edda, in der berichtet wird, daß die beiden Zwerge Brock und Sindri, die für die Asen Sifs Goldenes Haar und Thors Hammer Mjöllnir, Odins Speer Gungnir und seinen Ring Draupnir sowie Freyrs Schiff Skidbladnir und seinen goldenen Eber Gullinborsti gefertigt haben, die „Söhne Iwaldis" sind.

Iwaldi hat demnach zumindestens drei Kinder: Idun, Sindri und Brock. Idun ist das jüngste Kind der älteren Kinder des Iwaldi, also das jüngste Kind der ersten Frau des Iwaldi.

Wie in der Idun-Mythe erscheint auch in der Mythe über Brock und Sindri der Ase Loki als der Unheilstifter.

Der Titel „Iwaldi", der auch als „Alwaldi" oder „Ölwaldi" erscheint, bedeutet „Allherrscher" und ist wie „Alberich" („Alfenkönig") oder „Heidrek" („Lichtkönig") ein Titel des ehemaligen Sonnengott-Göttervaters Tyr.

„Ölwaldi" erscheint auch als Name des Vaters des Riesen Thiazi. Ölwaldi ist daher der alte, am Abend sterbende Sonnengott-Göttervater und Tyr der in der Nacht wiedergezeugte und am Morgen wiedergeborene Sonnengott-Göttervater.

Man kann sich nun einmal die Familie des Tyr in den verschiedenen Mythen anschauen, in denen er in der Unterwelt als Riesenkönig, Alfenkönig, Zwergenkönig und noch später dann als Sagenkönig erscheint.

Um bei dem Rekonstruktionsversuch der Sippe dieses „Königs" keine zu unübersichtliche Darstellung zu produzieren, ist es sinnvoll, zunächst einmal nur die wichtigsten der aus den verschiedenen Mythen dieses „Königs" (Tyr) bekannten Familienmitglieder miteinander in Bezug zu setzen.

Diese Familien bestehen aus folgenden Personen:

    1. Farbauti (Tyr-Riese):
        erste Frau: Greipr (Riesin)
            a) Sohn mit der Riesin Greip: Tyr-Thiazi (Riese)
            b) Sohn mit der Riesin Greip: Idi (Riese)
            c) Sohn mit der Riesin Greip: Gangr (Riese)
        zweite Frau: Laufey (Riesin)
            a) Sohn mit der Riesin Laufey: Loki (Ase)

      b) Sohn mit der Riesin Laufey: Helblindi (Ase)
      c) Sohn mit der Riesin Laufey: Byleistr (Ase)

2. Thiazi (Tyr-Riese):
      a) Tochter: Skadi

3. Fornjotr (Tyr-Riese):
      a) Sohn: Ägir (Riese, Meer)
      b) Sohn: Kari (Riese, Wind)
      c) Sohn: Logi (Riese, Feuer)

4. Ägir (Tyr-Riese):
      a) Frau: Ran (Riesin, Meer)
      b) Bruder: Kari (Riese, Wind)
      c) Bruder: Logi (Riese, Feuer)

5. Geirröd (Tyr-Riese):
      a) Tochter: Greip (Riesin)
      b) Tochter: Gjalp (Riesin)

6. Hymir (Tyr als Riese in der Unterwelt):
      a) Sohn: Tyr (Asenkönig)

7. Iwaldi (Ase, Albe oder Riese):
      a) Tochter: Idun (Alfe)

8. Iwaldi (Ase, Albe oder Riese):
      a) Sohn: Sindri (Zwerg)
      b) Sohn: Brock (Zwerg)

9. Hreidmar (Zwerg):
      a) Sohn: Fafnir (Zwerg, Drache)
      b) Sohn: Otr (Zwerg, Otter)
      c) Sohn: Regin (Zwerg, Schmied)

10. Finnenkönig (ist gleichbedeutend mit „Zwergenkönig"):
      a) Sohn: Wieland (Albenkönig)
      b) Sohn: Egil (Albe)
      c) Sohn: Slagfid (Albe)

11. Alberich (Albenkönig/Zwergenkönig)

Diese Verwandtschafts-Strukturen kann man der Übersichtlichkeit halber in einer Tabelle zusammenfassen:

Die Familienstruktur des Iwaldi						
„Iwaldi"	*Frau*	*1. Sohn*	*2. Sohn*	*3. Sohn*	*1. Tochter*	*2. Tochter*
Farbauti	Greip	Thiazi	Idi	Gangr		
	Laufey	Helblindi	Byleistr	Loki		
Thiazi						Skadi
Fornjotr		Kari	Ägir	Logi		
Geirröd					Greip	Gjalp
Hymir		Tyr				
Iwaldi		Sindri	Brock			
						Idun
Hreidmar		Fafnir	Otr	Regin		
Finnen-König		Wieland	Egil	Slagfid		
Alberich						

Die Konstruktion ist recht deutlich: Es gibt den Vater und seine drei Söhne und eine Tochter. Bei Iwaldi sind es abweichend zwei Söhne und eine Tochter.

Die drei Brüder finden sich in den germanischen Mythen an sehr vielen Stellen und sind offenbar ein altes Motiv, das sich auch bei anderen indogermanischen Völkern findet wie z.B. bei dem griechischen Kronos und seinen drei Söhnen Zeus, Poseidon und Hades.

Von diesen drei Brüdern ist einer stets der Göttervater. Sie stellen in den meisten fällen auch die drei Stände dar. Der Göttervater ist der Vertreter des Standes der Fürsten und Krieger.

In der folgenden Tabelle sind auch noch einige weitere Dreiergruppen von Asen von Asen eingefügt worden, die nicht unbedingt Brüder sind. Die unsicheren Zuordnungen sind mit einem Fragezeichen versehen.

	Die drei Asen		
Status	*Fürsten/Krieger*	*Priester/Heiler*	*Bauern/Handwerker*
Personifizierungen	Jarl	Karl	Thräl
Brüder	Thiazi (= „Teiwaz" / „Tyr")	Gangr („der Gehende")	Idi („der schwer Arbeitende")
Brüder	Odin (Göttervater)	We (= „Priester")	Wili (= „Wille")
Asen	Odin (Göttervater)	Hönir (Priester der Asen)	Loki
Brüder	Helblindi (= der „Hel-Blinde")	Byleistr	Loki
Odin	Odin als Krieger	Odin als Heiler	Odin als Schmied
Brüder	Egil der Bogenschütze	Slagfid	Wieland der Schmied
Brüder	Regin (= „König")	Fafnir?	Otr?
Brüder	Ägir	Kari	Logi

Bei der Betrachtung der Sippe der Idun muß eine spezielle Dynamik berücksichtigt werden, die sich aus dem Wiederzeugungs-Motiv ergibt: Dadurch, daß sich der Tote zusammen mit der Jenseitsgöttin selber wiederzeugt, ist der wiedergeborene Tote sein eigener Sohn. Seine Geliebte bei der Wiederzeugung, also die Jenseitsgöttin, wird somit nach seiner Wiedergeburt zu seiner Mutter. Da sie jedoch auch seine Geliebte bleibt, wird sie aus der Sicht des Toten vor der Wiedergeburt auch zu der Geliebten seines Sohnes. Von dort aus ist es dann kein großer Schritt mehr, die Jenseitsgöttin auch als die Tochter des Toten aufzufassen – insbesondere wenn der betrachtete Tote auch noch der Göttervater ist, der natürlich die Tendenz hat, sich alle anderen Gottheiten unterzuordnen.

Diese Entwicklung findet sich auch bei den Griechen, bei denen die Unterweltgöttin Persephone zu der Tochter des Zeus geworden ist. So wie Odin in Schlangengestalt in den Berg zu Gunnlöd kriecht und sich dort mit ihr vereint, so verwandelt sich auch Zeus in eine Schlange auf seinem Weg in die Unterwelt, in der er sich dann mit Persephone vereint.

Man wird daher davon ausgehen können, daß dies ein altes indogermanisches Motiv ist.

Das Zurückholen des Göttermets sowie der Idun und ihrer Äpfel und ebenso das

Holen des Braukessels aus dem Jenseits könnte auch durch ein anderes zentrales Thema in den indogermanischen Mythen angeregt worden sein: Der Regen wurde während der sommerlichen Dürre in der Wasserunterwelt von der Riesenschlange (Jörmungandr) in der Unterwelt gefangengehalten und ihr erst im Herbst von dem Regen- und Donnergott (Thor) wieder abgenommen.

Diesen Betrachtungen zufolge sollte Idun ursprünglich die Muttergöttin im Jenseits gewesen sein, die durch die Wiederzeugungs- und Wiedergeburtssymbolik sowie durch das Vormachtstreben des Göttervaters zu dessen Tochter wurde.

Die verschiedenen Aspekte der Muttergöttin im Jenseits zerfielen zunehmend und wurden zu eigenständigen Göttinnen:

	Die Aspekte der Muttergöttin		
Ursprung	*Aspekt*	*Bild*	*germanische Göttin*
Muttergöttin	Wiederzeugung	Geliebte	Freya
	Wiedergeburt	Mutter	Frigg
	Wiederstillen	Mutter	Idun
		Milch	Met, Äpfel, Nüsse
	Tod	Greisin	Hel

Der Göttervater war im Jenseits ein Schmied, da er sein am Abend bei seinem Tod zerbrochenes Schwert im Jenseits neuschmiedete. Daraus ist bei dem westlichen Teil der Indogermanen, bei denen der Göttervater zu einem Schwertgott geworden war, der Göttervater als Schmied in der Unterwelt entstanden: bei den Germanen Wieland, bei den Griechen Hephaistos, bei den Römern Vulcanus, bei den Narten/Skythen Kurdalagon usw.

Der indogermanische Sonnengott-Göttervater fuhr in einem von zwei Pferden gezogenen Streitwagen über den Himmel. Diese beiden Pferde wurden auch als seine Söhne angesehen. Sie finden sich bei den Germanen als die beiden Rosse Arwakr und Alswidr vor dem Sonnenwagen, die bei der der „Szepter-Übergabe" von Tyr zu Odin miteinander zu dessen achtbeinigem „Doppelpferd" Sleipnir verschmolzen.

Diese beiden Söhne starben des Abends genauso wie der Göttervater und wurden dadurch auch zu Alben bzw. Zwergen, also zu Totengeistern. Sie übernahmen nach einer Weile die Schmiedearbeiten, die vorher Tyr selber ausgeführt hatte. Dadurch wurden sie zu den beiden Zwergen-Schmieden, die das Schwert des Göttervaters herstellten. Dieses Motiv kommt in mehreren Isländer-Sagas vor, was zeigt, wie wichtig dieses Bild einmal gewesen muß. Eins der von ihnen hergestellten Schwerter trug sogar noch den Namen „Tyrfing", d.h. „Tyr-Finger".

Diese beiden Pferde-Söhne („Alcis") des Tyr werden der Ursprung der beiden Söhne des Iwaldi, also der Zwerge Sindri und Brock, sein.

Sowohl Wieland (Tyr) als auch die beiden Zwerge (Alcis) fertigten verschiedene magische Gegenstände an: Wieland einen goldenen Rring (vermutlich Draupnir) und das beste aller Schwerter sowie ein Vogelkleid, mit dem er fliegen konnte; und die beiden Zwerge fertigten die wichtigsten magischen Gegenstände der Asen: Odins Speer Gungnir und seinen Ring Draupnir, Freyrs Schiff Skidbladnir und seinen goldenen Eber Gullinborsti, sowie Thors Hammer Mjöllnir und die goldenen Haare seiner Frau Sif.

Der Auslöser für diese Arbeiten der beiden Zwerge war das goldene Haar der Sif, das das Getreide verkörperte, das Loki aus der Unterwelt zurückholen mußte. Auch in dieser Mythe ist wieder Loki der Urheber des Dramas, da er der Sif ihre Haare abschnitt. Diese Mythe hat einen sehr deutlichen zyklischen Charakter: Sie spielt sich zwischen Diesseits/Sommer und Jenseits/Winter ab, die durch Aussaat (neue Haare) und Ernte (Abschneiden der Haare) verbunden sind.

Die beiden Pferdezwillinge, die den Streitwagen des Tyr zogen, sind in der Wieland-Mythe bereits zu einem Rache-Motiv umgedeutet worden: Sie sind die beiden Söhne des Königs Nidud, die Wieland tötet.

In der Thidrek-Sage wird berichtet, daß Wielands Vater der Riese Vati gewesen ist und seine Mutter eine Meerfrau. Möglicherweise ist „Vati" ein Verkürzung aus „Valdi, Alwaldi". Die Meerfrau wäre dann die Muttergöttin in der Wasserunterwelt.

Es findet sich noch eine kleinere Parallele zwischen der Wieland-Mythe und der Idun-Mythe: Wieland lebt mit seinen Brüdern im Wolfstal und Idun sinkt vom Weltenbaum herab in ein Tal und wird dort in eine Wolfsfell gehüllt. Das „Wolfstal" ist recht sicher ein Bild für das Jenseits.

Tyr verwandelte sich am Abend in eine Schlange, da die Schlange schon seit der frühen Jungsteinzeit als die Gestalt derer, die in das Jenseits unter der Erde reisten, angesehen wurde. Auch die beiden Pferde-Zwillinge, die von den Germanen „Alcis" und von den Griechen „Dioskuren" genannt wurden, starben am Abend und nahmen daher auch die Gestalt von Schlangen an: die beiden Schlangen Moin und Goin, die ausdrücklich als Söhne der Schlange Grafwitnir (Tyr) bezeichnet werden.

Odin hat auch den Titel „Iwaldi" („All-Herrscher") des Tyr in nur wenig veränderter Form übernommen: „Allvater".

In der Völsungen-Saga ist Odin der ständige Unterstützer der Helden aus dieser Sippe, deren berühmtester Sohn Siegfried war. Man kann daher vermuten, daß auch der Zwergenkönig Hreidmar und ebenso Alberich („Albenkönig"), der Siegfried die

Tarnkappe gab, weiterentwickelte und zu Zwergen „abgesunkene" Gestalten des Tyr sind. Die Tarnkappe ist eigentlich ein „Unsichtbarkeits-Mantel", der ein Symbol für die Unsichtbarkeit der Seele ist (germanisch „kappa": „Mantel, Cape"). Auch bei den Kelten ist sie im Besitz des Göttervaters in der Wasserunterwelt (Mannan Mac Lir).

Auch der Riese Fornjotr könnte diesen Mantel besessen haben – zumindestens trug einer seiner Enkel den sehr auffälligen Namen „Sigurd Kappa".

Hreidmar, Alberich, Odin und somit auch Tyr stehen in diesen Motiv nah beieinander.

In der germanischen Mythologie gibt es viele Paare von Göttinnen, die auf die beiden Frauen des Tyr-Iwaldi zurückgehen könnten. Zu dieser Liste gehören auch noch die Riesinnen-Schwestern Gjalp und Greip, die daran als ehemalige Jenseitsgöttinnen erkennbar sind, daß sie als die Töchter des Tyr-Geirröd aufgefaßt worden sind.

Die göttlichen Schwestern	
Jenseits *Nacht*	*Diesseits* *Tag*
Freya	Fulla
Freya	Frigg
Menja	Fenja
Sinthgunt	Sunna
Irpa	Thorgerdr
Greip	Gjalp

Man kann nun die Familie des Iwaldi recht sicher rekonstruieren. Die Identität der Jenseitsgöttin ist dabei jedoch unklar – es könnten ursprünglich Frigg und Freya gewesen sein. Da jedoch fast alle Göttinnen auch eine Jenseitsgöttin gewesen sind und alle diese Göttinnen oft einander gleichgesetzt worden sind, ist es nicht so wesentlich, wer diese Göttin genau gewesen ist.

In der Übersicht auf der nächsten Seite steht links die erste Frau des Iwaldi mit den älteren Kindern und rechts die zweite Frau des Iwaldi mit den jüngeren Kindern. In der Liste steht zwar links Frigg und rechts Freya, aber deren richtige Zuordnung ist unbekannt.

Die Kinder des Iwaldi setzen sich aus den drei Gruppen „Thiazi, Idi und Gangr" (die drei Stände), „Sindri und Brock" (die beiden Pferdesöhne) sowie „Idun" zusammen. Da die drei Repräsentanten der drei Stände eine in sich abgeschlossene Gruppe sind, werden sie die eine Gruppe bilden und „Idun, Sindri und Brock" die andere Gruppe. Diese zweite Gruppe sind daher die „älteren Kinder".

Diese Zuordnung ergibt auch mythologisch gesehen Sinn. Da die beiden Pferdesöhne des Göttervaters schon von den Indogermanen bekannt sind (siehe den Band 12 über die „Alcis"), sollten sie zu den „älteren Kindern" zählen. Idun ist die zur Göttervater-Tochter umgedeutete Jenseitsgöttin und sollte daher auch zu den „älteren Kinder" zählen. Die Repräsentanten der die Stände enthalten u.a. den wiedergeborenen Göttervater und sollten daher eher „jüngere Kinder" sein.

Diese Argumentation ist natürlich nur eine Plausibilitätsüberlegung und kein zwingendes Argument.

Die Kinder sind in der Übersicht dem Alter nach von links nach rechts hin geordnet – das älteste Kind links und das jüngste rechts.

Die Altersfolge innerhalb der drei Vertreter der Stände unbekannt.

Sindri und Brock, also die beiden Pferdesöhne sind Zwillinge und somit so gut wie gleich alt.

Von Idun ist jedoch sicher bekannt, daß sie *„das jüngste der älteren Kinder des Iwaldi"* ist. Sie muß daher in der linken Gruppe (ältere Kinder) ganz rechts (das jüngste Kind in dieser Gruppe) stehen.

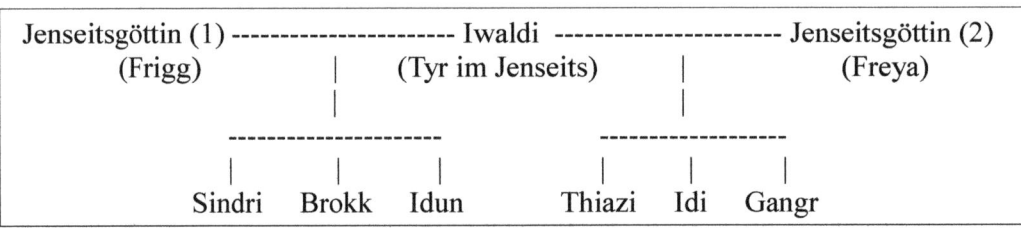

I 10.   Iduns Verhältnis zu Freya, Frigg und Hel

Idun könnte evtl. als Beiname einer der anderen Göttinnen, die eng mit dem Jenseits verbunden sind, entstanden sein. Dafür kommen vor allem Frigg und Freya in Frage.

Die Gottheiten in den Mythen sind keine scharf abgegrenzten Individuen, keine Punkte, sondern eher Knotenpunkte zwischen verschiedenen Mythen und somit Teilmengen der gesamten Mythologie.

Daher gab es oft Überschneidungen zwischen den Gottheiten in Bezug auf ihre Symbolik und ihre Funktion.

Die Grundlage der Mythen ist die Beschreibung der Welt durch Bilder, die dann durch Rituale ausgedrückt werden. In einem solchen Weltbild mit „fließenden Formen" können mehrere Gottheiten dieselbe Funktion haben, einander gleichgesetzt oder in Einzelaspekte aufgeteilt werden.

I 11. Die Symbolik der Äpfel

In den Sagas erscheint Idun nicht namentlich genannt, aber es finden sich einige interessante Szenen, die etwas über ihre magischen Äpfel aussagen.
Die vollständige Beschreibung der Apfel-Symbolik findet sich in Band 45.

I 11. a) Skirnir-Lied

Im Skirnir-Lied, das Freyrs Brautwerbung um die Riesentochter Gerda berichtet, überreicht Freyrs Diener (= Schamane/Priester) Skirnir der Gerda für seinen Herrn Freyr elf goldene Äpfel. Diese goldenen Äpfel könnten aus der Assoziation zwischen den Äpfeln der Idun und der goldenen Sonne, die jeden Morgen wiedergeboren wird, entstanden sein. Die Äpfel werden an dieser Stelle nicht mehr als Gabe der Göttin an den Jenseitsreisenden aufgefaßt, sondern sind zu einem Brautwerbungs-Geschenk umgedeutet worden.

Skirnir:
„Bin nicht von den Alfen noch den Asensöhnen,
Noch den weisen Wanen;
Durch flackernde Flamme doch fuhr ich allein
Eure Säle zu schauen.

Der Äpfel elf hab ich allgolden,
Die will ich, Gerda, Dir geben,
Deine Liebe zu kaufen, daß Du Freyr bekennst,
Daß Dir niemand lieber sei."

Gerda:
„Der Äpfel elf nehm ich nicht an
Um eines Mannes Minne,
Noch sollen ich und Freyr, solang' wir beide atmen,
Je zusammen sein."

Die „*flackernde Flamme*" ist die Waberlohe, die Diesseits und Jenseits trennt.

I 11. b) Neunkräuter-Zauberspruch

Der Neunkräuter-Zauberspruch, der um ca. 900 n.Chr. in England niedergeschrieben wurde, enthält als Zutat eines heilenden Zaubertranks u.a. auch Äpfel. Diese „Heilung durch die Äpfel" ist möglicherweise von der „Wiedergeburt durch die Äpfel" abgeleitet worden.

Die neun Zutaten werden zunächst einzeln beschrieben. Von der Apfel-Strophe ist jedoch leider nur der erste Vers erhalten geblieben:

Dort sprach der Apfel gegen das Gift,
… … …

In der Anleitung für die Herstellung der Salbe wird der Apfel noch einmal erwähnt:

Beifuß, Wegerich der nach Osten offen ist, Schaumkraut, Heilziest, Kamille, Nessel, Wildapfel, Kerbel und Fenchel, alte Seife.
Stoße die Kräuter zu Staub, menge sie mit der Seife und mit dem Saft des Apfels. Mache einen Brei aus Wasser und aus Asche, nimm Fenchel, koche ihn in dem Brei und erwärme es mit Ei-Gemisch, wenn er die Salbe auftut, sowohl vorher als nachher.
Singe diesen Zauberspruch 3 mal über jedem dieser Kräuter, bevor Du sie bearbeitest und über dem Apfel ebenso; und singe dann dem Mann in den Mund und in beide Ohren und auf die Wunde den gleichen Zauberspruch, bevor Du die Salbe auftust.

I 11. c) Völsungen-Saga

In dieser Saga findet sich wieder ein umgedeutetes Apfel-Motiv: Da der Apfel die Wiedergeburt im Jenseits durch die Muttergöttin bewirkte, konnte diese Muttergöttin natürlich auch die Geburt im Diesseits mithilfe eines ihrer Äpfel bewirken:

Rerir erlangte in seinen Kriegen große Reichtümer für sich und nahm sich eine Frau, wie er sie passend für sich fand, und sie lebten lange zusammen, aber hatten kein Kind, das ihre Reichtümer hätte erben können; und sie waren beide sehr unzufrieden damit und beteten zu den Göttern mit ihren Herzen und ihren Seelen und baten sie, daß sie ihnen ein Kind schenken sollten.
Und es wird erzählt, daß Frigg ihre Gebete erhörte und Odin erzählte, worum sie gebeten hatten. Er war nicht mittellos und rief seine Wunsch-Magd, die Tochter des Riesen Hrimnir zu sich, legte ihr einen Apfel in ihre Hand und befahl ihr, ihn dem König zu bringen.

Sie nahm den Apfel, zog ihr Krähen-Gewand an und flog davon bis sie dorthin kam, wo der König auf einem Hügelgrab saß, und ließ den Apfel in den Schoß des Königs fallen; er aber nahm den Apfel und ihm dünkte, daß er wisse, wozu dieser er gut sei; so ging er heim von dem Hügelgrab seines Volkes und kam zu der Königin und sie aß einen guten Teil dieses Apfels.
Da, so erzählt die Geschichte, spürte die Königin schon bald, daß sie ein Kind trug.

Der magische Apfel, der den Kinderwunsch des Königs Rerir und seiner Frau erfüllte, ist wahrscheinlich mit den Äpfeln der Idun identisch.

Die Äpfel gehören in dieser Sage unerwarteterweise dem Odin. Da es jedoch in der gesamten Völsungen- und Siegfried-Sage immer Odin ist, der handelnd eingreift, könnte es sich bei Odins Besitz der magischen Äpfel auch um eine Vereinheitlichung der Mythe handeln.

Angesichts dieser Bearbeitung der ursprünglichen Mythen in dieser Sage erscheint es durchaus wahrscheinlich, daß der magische Apfel des Odin aus der Eschenholz-Apfelkiste der Idun stammt.

Die Walküren („Frau mit Krähengewand") holten normalerweise die Seele der toten Krieger aus dem Diesseits ab. Daher konnten sie auch die Seele eines noch ungeborenen Kindes in das Diesseits bringen – der Weg der Seele war dabei dergleiche, nur die Richtung, in der sie sich bewegte, war umgekehrt.

Die „Krähen-Walküre" trägt den Namen *„Hljot"* („Gedicht, Lied") und wird als *„Tochter des Riesen Hrimnir"* bezeichnet. „Hrimnir" ist sehr wahrscheinlich der ehemalige Sonnengott-Göttervater Tyr in der Unterwelt – als dessen Tochter Idun aufgefaßt worden ist.

Rerir erhält den Apfel, während er auf einem Hügelgrab sitzt, was bedeuten wird, daß er ein Utiseta durchführt und die Götter und die Ahnen dort um Hilfe bittet.

I 11. d) Thidrek-Sage

Die wohl bekannteste Apfel-Szene im deutschsprachigen Bereich ist Wilhelm Tells Schuß auf den Apfel auf dem Kopf seines Sohnes. Diese Szene ist schon sehr alt, wie die Thidrek-Sage zeigt:

Zu dieser Zeit trat Welents (Wielands) *jüngerer Bruder Egil in die Dienste des Königs Nidung. Um zu prüfen, ob er wirklich ein so guter Schütze sei, wie er von sich behauptete, ließ er einen Apfel auf den Kopf von Egils drei Jahre alten Sohn legen und befahl Egil, den Apfel mit einem Pfeil herabzuschießen.*
Dieser Schuß gelang Egil. Als König Nidung Egil frug, warum er drei Pfeile in der

Hand gehalten habe und nicht nur einen, antwortete Egil ihm, daß er, wenn er seinen Sohn getroffen hätte, mit den anderen beiden Pfeilen ihn, den König, erschossen hätte. Egil gefiel dem König Nidung und er nahm ihn an seinen Hof auf.

Diese Szene blieb immer fester Bestandteil der deutschen Sagen. Sie verschob sich von Egil zu Dietrich von Bern und schließlich zu Wilhelm Tell. Möglicherweise geht sie noch weiter zurück zu dem Bogengott Ullr. Falls dies der Fall sein sollte, könnte die Kombination von Vater, Sohn und Apfel etwas mit der Wiedergeburtssymbolik zu tun gehabt haben, da die Äpfel der Idun bei den Germanen wie der Göttermet das Mittel waren, durch das die Asen ihre ewige Jugend erhielten.

Aber dieser Ursprung des Apfel-Schützen-Motivs ist nur eine unsicherer Anfangsverdacht.

I 11. e) Die Saga über Thorstein Haus-Macht

Als nächstes erblickte Thorstein den Jarl Agdi, der in einer riesigen Wut dahinstürmte. Thorstein folgte ihm bis er zu dem großen Bauernhof kam, in dem Agdi lebte. Dort stand eine junge Frau an dem Tor zum Obstgarten. Ihr Name war Gudrun und sie war groß und sah gut aus. Sie grüßte ihren Vater und frug ihn, was es Neues gäbe.

"Es gibt reichlich Neuigkeiten," sprach er, "König Geirröd ist tot. Godmund von der Glasir-Ebene hat uns alle betrogen."

In dieser Saga, die voll von Motiven aus den Mythen des Tyr ist, erscheint eine Frau am Tor eines Obstgartens. Vermutlich sind sowohl Geirröd als auch Agdir und Godmund ursprünglich Namen und Gestalten des Tyr als Riese im Jenseits gewesen.

Die Glasir-Ebene des Godmund wird der Ort rings um den Weltenbaum Glasir sein – also Asgard. Dasselbe wird auch für den Obstgarten von Agdis Tochter gelten – auch der Apfelbaum der Idun ist der Weltenbaum, neben dem die Halle des Göttervaters Odin steht.

Daher könnte Gudrun, die Tochter des Agdir, auf Idun zurückgehen, die auch als Tochter des Iwaldi (Tyr) angesehen wurde.

I 11. f) Die Saga über Yngvar den Fern-Fahrenden

Auch in dieser Saga wird der Apfel mit dem Tod assoziiert:

Da sahen sie ein großes Heer vom Land zu den Schiffen rennen und vor ihnen rannte ein Mann etwas dem Heer voraus. Dieser Mann hatte drei Äpfel und warf sie in die Luft. Der Apfel fiel vor Sveinns Füßen nieder und der nächste fiel an genau denselben Platz herunter.

Da sagte Svein, er werde nicht auf den dritten Apfel warten: „Hinter dem hier steht eine üble Macht und eine starke Kraft."

Svein legte einen Pfeil auf seine Sehne und schoß. Der Pfeil traf den Mann auf der Nase. Da hörten sie einen Ton wie ein zerberstendes Horn. Er warf seinen Kopf zurück und sie sahen, daß er einen Vogelschnabel hatte.

Da schrie er sehr laut und rannte zu seinem Heer zurück und sie alle flohen so schnell sie konnten landeinwärts.

I 11. g) Heidarviga-Saga

In der Heidarviga-Saga finden sich die folgenden Verse, die Thorbiorn nach einem heftigen Ehekrach gedichtet hat:

Es war früh am Morgen, kurz nach Sonnenaufgang. Thorbiorn rief nach seinem Frühstück und es wird von nichts berichtet, was die Hausfrau herbeibrachte, außer einer Schale, die sie auf den Tisch stellte. Thorbiorn schrie, daß er nicht gut bedient würde, und schlug die Schale zwischen ihre Schultern. Daraufhin wandte sie sich ihm zu und schrie laut und war zänkisch und beide waren hart zueinander.

„Du hast mir das gebracht", schrie er, „und es nichts als Blut darin und es ist ein Wunder, daß Du nichts Falsches darin siehst!"

Da antwortete sie kühl und ruhig: „Ich habe Dir nichts vorgestellt, was Du nicht gut essen kannst; und ich denke nichts Schlechtes über das Wunder, das Du siehst, denn es bedeutet, daß Du ganz schnell in der Hel sein wirst. Denn genau das wird das sein, was Du erhalten wirst."

Thorbiorns Frau wünscht ihren Mann offensichtlich „zur Hölle".

Da sang er ein Gedicht:

*„Der Schatz-tragende Stamm,
den ich zur Frau habe,
wird wegen meines Todes
nie die schwarze Witwen-Haube tragen
obwohl ich weiß,*

daß das Feld der Halskette
an allen Tagen meines Lebens
unter der Erde liegen wird:

Die, die die Bier-Runde einschenkt,
würde mir zum Essen
die Äpfel des Hel-Obstgartens reichen!
Ein nie vorher gehörtes Übel!
Aber dieses Schatz-tragende Brett
wird nun wohl kaum, scheint mir,
die Macht haben,
dies auch zu vollbringen."

Der „Schatz-tragende Stamm" und das „Schatz-tragende Brett" sind die mit Ketten u.ä. geschmückte Frau. Das „Feld der Halskette" ist das Herz in der Brust, auf der die Halskette aufliegt.

Die magischen Äpfel wuchsen offensichtlich in der Unterwelt. Diese Äpfel sind hier schon zu Symbolen des Todes geworden. Dies könnte eine Umdeutung der Äpfel als Symbole der Wiedergeburt sein, der ja der Tod vorausgeht. Auch die ewige Jugend der Götter wird aus einer früheren zyklischen Wiedergeburt entstanden sein.

Das Motiv der „Todes-Äpfel" ist heute am besten aus dem Märchen „Schneewittchen" bekannt.

I 11. h) Jomsvikinga-Saga

In dieser Geschichte erscheinen Äpfel als ein Omen.

König Gormr schickte nun Gesandte zu Jarl Haraldr, um ihn zum Julfest (Mittwinter) einzuladen. Der Jarl nahm dies gerne an und die Gesandten des Königs fuhren zurück.

Nun rüstete sich der Jarl zu dieser Fahrt. Als er und seine Leute zum Limfjord kamen, sahen sie dort einen seltsamen, großen Baum stehen. An ihm waren kleine, grüne Äpfel gewachsen und er blühte. Sie wunderten sich sehr. Der Jarl sagte, er halte es für ein schlimmes Vorzeichen, daß so etwas zu dieser Jahreszeit geschah, denn sie sahen dort die Äpfel liegen, die im Sommer gewachsen waren. Sie waren groß und alt. „Wir werden umkehren."

Das taten sie. Der Jarl blieb dieses Jahr zu Hause.

Dem König erschien es seltsam, daß der Jarl nicht kam.

Dieser „seltsame, große Baum" ist offenbar der Weltenbaum. Für diese Deutung spricht auch, daß er zur Zeit der Wintersonnenwende (Jul-Fest) zur gleichen Zeit blühte, neue Äpfel trug und alte Äpfel unter ihm am Boden lagen. Die Äpfel an diesem „zeitlosen Baum" hängen daher evtl. mit den Äpfel der Idun zusammen.

Die Äpfel der Idun geben den Göttern ihre ewige Jugend, ohne die sie altern und schließlich sterben würden.

Es gab auch in der Unterwelt bei Hel einen Apfelbaum, der tödliche Früchte getragen zu haben scheint. In diesem Motiv ist der „Apfel der Wiedergeburt" zu einem „Apfel des Todes" umgedeutet worden, was ein sehr häufiger Vorgang in der Entwicklung von Mythen ist, da aufgrund der Angst vor dem Tod sehr oft das, was ursprünglich eine Hilfe auf dem Weg ins Jenseits und bei der Wiedergeburt gewesen ist, zu einer Ursache des Todes umgedeutet wurde.

Die Äpfel als das, was das „ewige Leben" gibt, sind sehr wahrscheinlich aus der Milch der Göttin entstanden, die als Wiederstillen neben der Wiederzeugung und der Wiedergeburt das dritte wichtige Element in den Jenseitsvorstellungen gewesen ist.

Aus der einmaligen Wiedergeburt der Toten im Jenseits nach ihrer Bestattung wurde durch die tägliche Jenseitsreise der Sonne ein zyklischer Vorgang, der dann nach der Übertragung dieses Aspektes der Sonnensymbolik auf alle Götter dazu führte, daß die Götter immer wieder die Äpfel der Idun essen mußten.

Die Übertragung der Funktion der Milch der Göttin auf die Äpfel ist dadurch entstanden, daß bereits in den frühesten schriftlichen Religionen (Ägypten, Sumer, Elam) die Himmels-Muttergöttin mit dem Weltenbaum, der der Weg zu ihr war, zu einer Baumgöttin verschmolzen ist, die die Toten stillte (z.B. Hathor bei den Ägyptern). Das Ersetzen der Milch der Baumgöttin durch die Früchte des Baumes war dann nur noch ein kleiner Schritt.

Durch die Assoziation des Apfels mit dem Tod (er ist das Heilmittel gegen den Tod) entstand schließlich auch das Motiv des Apfels als (magische) Ursache des Todes („Schneewittchen" u.a.).

I 12.   Die Symbolik der Haselnüsse

Der Haselstrauch, seine Nüsse und die aus seinem Holz gefertigten Stäbe und Gerten werden mehrfach erwähnt. Es ist jedoch nur selten ein mythologischer Hintergrund erkennbar.

Im Folgenden werden nur die Textstellen angeführt, die für das Verständnis der Göttin Idun von Bedeutung sind. Die vollständige Beschreibung der Haselnuß-Symbolik findet sich in Band 45.

I 12. a)   Die Saga über Bosi und Herraud

In dieser Saga wendet Bosi dieselbe List an wie Loki, der Idun aus Asgard fortgelockt hat, indem er sagte, daß er ihr einen besonderen Apfelbaum zeigen wollte. Offenbar war die Symbolik der Äpfel und der Nüsse so ähnlich, daß man auch einen Nußbaum an die Stelle des Apfelbaumes setzen konnte.

Bosi nahm drei Walnüsse aus seinem Geldbeutel. Sie sahen aus, als ob sie aus Gold gefertigt worden wären. Er gab sie ihr und sagte ihr, daß sie der Königstochter sagen solle, daß sie ein Wäldchen kenne, in denen viele solcher Nüsse wuchsen.

Sie sagte, daß die Königstochter nicht ganz ungeschützt sein würde, da ihr ein Eunuch überallhin folgen würde, „der Skalk genannt wird und der die Stärke von zwölf Männern hat, wenn es sein muß."

Bosi sagte, daß ihn das nicht kümmere, solange es nicht mehr Männer seien.

Früh am Morgen ging sie fort, um die Königstochter zu finden und ihr die goldenen Nüsse zu zeigen und ihr zu sagen, daß sie wüßte, wo man sie finden könne.

Die Königstochter erkennt diese List nicht und wird von Bosi entführt – so wie Loki Idun entführt hat.

I 12. b)   Lied des Skalden Hallvadr

Die Bezeichnung des Weltenbaumes als „Haselstrauch der Erde", die sich in einem von Snorri Sturluson in der Skaldskaparmal zitierten Lied findet, paßt gut zu den vermuteten „Nüssen der Idun", denn wo anders als an dem Weltenbaum sollten die Äpfel bzw. Nüsse wachsen, die die ewige Jugend verleihen?

Die Strophe, in der diese Kenning benutzt wurde, stammt aus einem Loblied auf einen Dänen-König und lautet:

„Kein Erhabener lebt
unter dem Hasel der Jörd
als Ihr, Stütze der Mönche,
der die Dänen beschützt!"

Die Formulierung „<u>unter</u> dem Hasel der Jörd" zeigt deutlich, daß Halvadr bei dem „Hasel der Jörd" an den riesigen Weltenbaum gedacht hat.

Es wäre denkbar, daß in dieser Kenning die Erdgöttin Jörd mit Idun identisch ist: Iduns Nüsse wachsen an Jörds Haselstrauch …

I 12. c Egil-Saga

Auch bei der Nid-Zeremonie wurde ein Haselstab benutzt. Auch hier läßt sich kaum entscheiden, ob Haselstäbe einfach praktisch und leicht verfügbar waren, oder ob sie eine mythologisch-magisch Bedeutung z.B. als Weltenbaum hatten.

Und als sie zum Segeln bereit waren, ging Egil hinauf auf die Insel. Er nahm einen Haselstock in seine Hand und ging auf einen felsigen Hügel, der landeinwärts blickte. Dann nahm er einen Pferdekopf und befestigte ihn auf dem Stab. Danach sprach er in der feierlichen Form des Fluches die Worte:
„Hier errichte ich einen Fluch-Stab und diesen Fluch richte ich gegen König Erik und Königin Gunnhilda."
Nun richtete er den Pferdeschädel landeinwärts.
„Diesen Fluch richte ich auch gegen die Schutzgeister, die in diesem Land wohnen, damit sie fortgehen und kein Heim finden und erreichen, bis sie das Land des Königs Erik und der Gunnhilda verlassen haben."
Nachdem er dies gesprochen hatte, steckte er den Stab in einen Spalt in den Felsen und ließ ihn dort stehen. Der Pferdekopf blickte landeinwärts.
Auf den Stab jedoch ritzte er Runen, die den gesamten Fluch wiedergaben.

Der Nid ist ein Todesfluch: So wie für einen vornehmen Toten bei dessen Bestattung ein Hengst geopfert wurde, so wurde auch für den Verfluchten ein Pferd geopfert, damit dieser dann starb – das Pferdeopfer und die Reise eines Toten ins Jenseits waren fest miteinander verbunden.

I 12. d) Die Sagen der Gebrüder Grimm: Die Nußkerne

In dieser Saga zeigt ein Geist (auch wenn er nicht als solcher bezeichnet wird) einem jungen Mann mithilfe von Nüssen einen verborgenen Schatz.

Es wäre denkbar, daß sich dieses Motiv aus einer Assoziation zwischen Haselnüssen und Grabschätzen entwickelt hat. Dies läßt sich zwar aus dieser Sage heraus nicht nachweisen, aber es würde gut zu der Hasel-Symbolik der Idun passen.

Das „Fräulein von Willberg" könnte evtl. eine Erinnerung an Idun sein – aber das ist unsicher.

Zwei junge Burschen, der Peter und der Knipping aus Wehren im Korveischen, wollten Vogelnester suchen, der Peter aber, weil er erstaunend faul war, nachdem er ein wenig umgeschaut, legte sich unter einen Baum und schlief ein. Auf einmal war's ihm, als packte ihn einer an den Ohren, so daß er aufwachte und herumsah, aber niemand erblickte. Also legte er den Kopf wieder und schlief aufs neue ein. Da kam's zum zweitenmal und packte ihn an den Ohren, als er aber niemand gewahr werden konnte, schlief er zum drittenmal ein. Aber zum drittenmal ward er wieder gezupft, da war er das Ding müde, stand auf und wollte sich einen andern Ort suchen, wo er in Ruhe liegen könnte.

Auf einmal aber sah er vor sich das Fräulein von Willberg gehen, das knackte Nüsse entzwei und steckte die Schalen in die Tasche und warf die Kerne auf die Erde. Als die Nüsse zu Ende gingen, war sie verschwunden. Der Peter aber war immer hinter ihr hergegangen, hatte die Nüsse aufgelesen und gegessen.

Darauf kehrte er um, suchte den Knipping und erzählte ihm alles, was er gesehen hatte. Da gingen sie nach Haus, holten noch andere zur Hilfe und fingen an, da, wo das Fräulein verschwunden war, zu graben, und kamen da auf eine alte Küche, darin noch altes Kochgerät stand, endlich in einen Keller mit Tonnen voll Geld. Sie nahmen so viel, als sie tragen konnten, und wollten den andern Tag wiederkommen, aber alles war fort, und sie konnten die Stätte gar nicht wiederfinden, sie mochten suchen, wo sie wollten.

Der Peter baute sich von seinem Geld ein Haus, darin er noch lebt.

I 12. e) Brauchtum

In Südwestdeutschland, England und Rom wurde der Braut ein Korb mit Haselnüssen überreicht, da diese Fruchtbarkeit symbolisierten. Der Hasel wird sehr häufig mit der Sexualität und mit dem Fremdgehen assoziiert.

In Deutschland wurde im Mittelalter die Gerichtstätte mit Haselzweigen abgesteckt.

Dies geht sicher auf den germanischen Brauch zurück, den Thing-Platz mit Haselzweigen zu markieren.

Im Lex Ripuaria (Frankenreich, ca. 730 n.Chr.) wurde der Haselzauber verboten. Dieser umfaßte die Verwendung des Hasels in Liebeszaubern, zur Förderung der Fruchtbarkeit, gegen Blitzschlag, Erdstrahlen, als Wünschelruten und gegen Hexen.

Der Hasel wurde mit einer Göttin assoziiert, wie ihr Name „Frau Hasel" und auch das Märchen von Aschenputtel zeigt, in dem der Hasel das „Tor" zu Aschenputtels Mutter ist.

Diese Motive könnten aus den germanischen Mythen über Idun, ihre Äpfel und Nüsse sowie die Wiederzeugung stammen.

Die Nüsse waren möglicherweise wie die Äpfel ein Symbol der ewigen Jugend der Götter – was eine Weiterentwicklung der Wiedergeburts-Symbolik ist.

Iduns Nüsse werden nur an einer einzigen Stelle erwähnt, aber es sind Bestattungen bekannt, in denen den Toten Äpfel und Nüsse, also die beiden Früchte der Idun, mitgegeben worden sind.

In einer Kenning wird der Weltenbaum „Haselstrauch der Jörd" genannt. Es hat den Anschein, als ob Jörd und Idun identisch gewesen wären: Iduns Nüsse wachsen an Jörds Haselstrauch.

I 13. Zusammenfassung

Die Göttin Idun ist zunächst einmal die Besitzerin der Äpfel der ewigen Jugend, auf die die Götter angewiesen sind. Diese Äpfel wachsen anscheinend auf dem Weltenbaum und werden in einer Kiste aus dem Holz dieser Weltesche (Eschenholz) aufbewahrt.

Das, was den Göttern ihre ewige Jugend gibt, sind vor allem die Äpfel der Idun, aber auch der rituelle Met sowie vermutlich auch die Nüsse.

Das Essen eines Idun-Apfels gab einer Königin das ersehnte Kind und die Äpfel sind auch mit der Hel assoziiert worden. Beide Sagen-Motive lassen sich aus den Äpfeln als Wiedergeburts-Symbol herleiten. Der berühmte „Apfel-Schuß" hat möglicherweise etwas mit dem Tod eines der beiden Götter Tyr und Loki bei ihrem endlosen, zyklischen Kampf, der die Jahreszeiten verursacht, zu tun.

Als Besitzerin der Äpfel der ewigen Jugend sollte Idun eine Jenseitsgöttin sein, da das „ewige Leben" erst nach dem diesseitigen „begrenzten Leben" im Jenseits stattfindet.

Idun ist in den über sie berichtenden Mythen und auch in den mit diesen Mythen assoziierten Erzählungen (Kwasir, Gunnlöd, Skadi) mit der Jenseitsreise verbunden. Ein wichtiges Motiv in diesen mythologischen Berichten über Jenseitsreisen ist der Seelenvogel.

Idun ist die Frau des Skaldengottes Bragi, aber sie hat ihr Lager auch mit dem „Mörder eines Bruders", d.h. mit Loki geteilt – dies spricht für ihre Deutung als Jenseitsgöttin, da diese sich abwechselnd mit dem Sommergott Tyr und mit dem Wintergott Loki vereint (beide töten sich abwechselnd). Die Mythe, in der Loki für Thiazi (Tyr) die Idun entführt, ist eine späte Variante dieses Themas aus der Zeit, in der bereits die Asen die „Guten" geworden waren und Tyr als Jenseitsriese zu dem „Bösen" umgedeutet worden ist.

Met, Äpfel und Nüsse wurden von den Germanen auch ihren Toten mitgegeben, sodaß diese drei Dinge wohl auch das Weiterleben der Toten im Jenseits nach ihrer Wiedergeburt sichern sollten.

Als Jenseitsbewohnerin ist Idun eine Asin, eine Dise und auch eine Alfe – diese drei Begriffe scheinen in etwa dasselbe bedeutet zu haben.

Als Jenseitsgöttin steht sie den Nornen nahe und war auch eine Seherin, die die Vergangenheit und die Zukunft kennt.

Als die Gottheiten in den Mythen der Germanen nach und nach zu Sippen zusammengefaßt wurden, entwickelte sich Idun von der Jenseitsgöttin als Wiederzeugungs-Geliebter und Wiedergeburts-Mutter des Toten und des damaligen Göttervaters Tyr allmählich zur Tochter des Göttervaters. Dadurch wurde sie zur Schwester der beiden Alcis-Söhne des Göttervaters Tyr sowie zur Halbschwester der drei Söhne des Tyr, die die drei Stände verkörperten.

Idun wurde mit dem Süden verbunden, in dem das Himmels-Jenseits des Tyr lag.

Der Apfel wurde, da er eng mit dem Tod assoziiert war, schließlich auch als Todesursache aufgefaßt – woraus dann das Apfelmotiv in „Schneewittchen" und vermutlich auch in „Wilhelm Tell" entstanden ist.

II Idun in der indogermanischen Überlieferung

Um die Vorgeschichte der Idun bei den Indogermanen zu erkennen, ist es hilfreich, auch die Symbolik der Äpfel und der Haselnüsse bei den verschiedenen indogermanischen Völkern zu betrachten.

II 1. Die Äpfel in der indogermanischen Überlieferung

II 1. a) Die Äpfel bei den Kelten

Bei den Kelten, die mit den Germanen nah verwandt sind, wurde die Jenseitsinsel „Tir-nan-og", d.h. „Land der ewigen Jugend" oder „Avalon", was „Apfel-Insel" bedeutet, genannt. Der Apfel hat hier offenbar dieselbe Symbolik wie bei Idun.

Bei den Kelten ist jedoch keine Göttin mit dem Wiedergeburts-Apfel identifiziert worden, sondern mehrere Götter – vermutlich wiedergeborene Götter: Abellio („Apfelgott"), Afallach („Apfelbaum") und evtl. noch Bile („Baum").

Gedicht des Apfelbaumgartens

In diesem Gedicht, das um ungefähr 800 n.Chr. verfaßt worden ist, erscheint Myrrdin (Merlin) als Seher und Barde. Er hat einen Wolf als seinen einzigen Begleiter, der vermutlich auch sein Führer auf seinen Reisen ins Jenseits ist, aus dem er sein Wissen über die Zukunft holt.

Der Apfelbaum, der Merlin beschützt und in dem eine Nymphe (Göttin) wohnt, wird der Weltenbaum sein, der sein Weg ins Jenseits zu den Göttern ist. Der Apfelbaum und die Nymphe entsprechen offensichtlich Idun und ihrem Apfelbaum.

Vita Merlini

Der folgende Tex besteht aus den Zusammenfassungen von zwei Teilen einer Merlin-Biographie, die Geoffrey von Monmouth um ca. 1150 n.Chr. geschrieben hat.

Merlin war ein Seher und der König von Südwales. Eines Tages begann Gwenddoleu von Schottland einen Krieg gegen Merlin von Südwales, der von Peredur von Nordwales und von Rhydderch von Cumberland unterstützt wurde. Als Merlin sah, wie drei seiner Brüder und viele andere Männer, die seine Freunde gewesen waren, in der Schlacht fielen, geriet er in völlige Verzweiflung und brach in heftige Tränen aus.

Schließlich kamen den Heeren von Wales und Cumberland noch andere britische Heere zu Hilfe, sodaß die Schotten schließlich besiegt und vertrieben werden konnten.

Nach der Schlacht ließ Merlin seine drei Brüder so bestatten, wie es Prinzen gebührt. Doch Merlins Schmerz wurde nicht weniger und er klagte drei Tage lang und war durch niemanden zu beruhigen. Da beschloß er, heimlich fortzugehen und verbarg sich im Wald, schlief unter einer Esche, beobachtete die Tiere, aß Wurzeln, Gräser und Beeren und wurde schließlich zu einem Wilden Mann des Waldes. So lebte er den ganzen Sommer über und niemand wußte, wo er geblieben war. An einem Platz, an dem 19 Apfelbäume standen, hielt er sich am liebsten auf. Ein alter, inzwischen weißhaariger Wolf war sein ständiger Begleiter.

… … …

Sie waren einst zu mehreren auf der Jagd gewesen, als sie zu einer Quelle am Fuße einer alten Eiche kamen und dort zu rasten beschlossen. Dort fanden sie einige Äpfel liegen und einer der Begleiter, der sich lachend über diese unerwartete Speise freute, sammelte sie und gab sie Merlin, seinem Herrn. Dieser verteilte sie an die anderen und ging dabei leer aus, da es ein Apfel weniger als Männer war. Sobald die Männer von den Äpfeln gegessen hatten, wurden sie verrückt und bekamen Schaum vor dem Mund und bissen einander und rannten schließlich in die Wildnis davon. Die Äpfel waren von einer Frau dorthin gelegt worden, von der sich Merlin getrennt hatte und die ihn nun aus Eifersucht zu töten versuchte.

Hier ist der Apfel, der die Wiedergeburt gibt, bereits wie bei den germanischen „Hel-Äpfeln" zum „Apfel des Todes" geworden – wie so viele andere Dinge, die einst den Toten auf dem Jenseitsweg halfen, sind auch die Äpfel zu einer Ursache des Todes bzw. hier des Wahnsinns umgedeutet worden.

Die spätere Version dieses Motivs ist der vergiftete Apfel in dem Märchen „Schneewittchen".

Die Geburt des Sonnengottes Lugh

Goibhniu („Schmied"), der Schmied der Tuatha de Danan, besaß eine magische Kuh, die ganz Irland mit ihrer Milch ernähren konnte. Balor, der Anführer der Fomo-

rii (Riesen), *versuchte die Kuh zu stehlen, aber es gelang ihm nur, das Halfter mitzunehmen. Da die Kuh aber immer dorthin strebte, wo das Halfter war, mußte Goibhniu sie jetzt ständig bewachen.*

Als Cian („Leben, König"), der Sohn des Heilgottes Dian Cecht („schnell zubereiteter Trank") und Enkel des Dagda, den Schmiedegott darum bat, ihm ein Schwert zu schmieden, übergab Goibhniu die Kuh dem Cian, damit er sie solange behütete. Als Cian jedoch von einem Jungen die Botschaft erhielt, daß er Goibhniu beim Härten des Schwertes helfen solle, nahm er die Kuh nicht mit, sondern ließ sie alleine auf der Wiese, woraufhin sie sofort zu Balor Einauge lief.

Cian mußte nun die Kuh suchen gehen und gelangte dabei an den Unterweltfluß, über den ihn ein alter Mann in einem weiten Mantel übersetzte. Der Jenseitsfährmann war Manannan Mac Lir, aber Cian erkannte ihn nicht. Als Lohn für die Überfahrt mußte Cian seinen Mantel mit dem des Manannan tauschen – was eigentlich ein Lohn war, denn Manannans Mantel läßt seinen Träger unsichtbar werden. Der Lohn für die Rückfahrt sollte die Hälfte dessen sein, was Cian aus der Unterwelt mitbrachte. Cian erbat sich jedoch, daß das Halfter, das die Kuh zu Goibhniu zurückkehren lassen würde, davon ausgenommen war.

Cian gelang es mithilfe des magischen Mantels des Manannan Mac Lir bis zu Balor zu kommen. Dieser versprach Cian das Halfter, wenn es ihm gelänge, in der Unterwelt einen Apfelbaumgarten anzulegen, obwohl Balors Atem jede Pflanze töten konnte. Schließlich gelang es Cian und die ersten Äpfel konnten geerntet werden.

Dem Fomorii-König Balor war durch eine Prophezeiung vorhergesagt worden, daß er durch die Hand seines Enkels sterben werde. Daher hatte Balor seine Tochter Ethne („Ginster") in einen Kristallturm eingeschlossen. Cian entdeckte diesen Kristallturm und gelang mithilfe der Druidin Birog und seines magisches Mantels in diesen Turm, wo sich Cian und Ethne ineinander verliebten und den Sonnengott Lugh zeugten. Als Balor die Geburt des Kindes entdeckte, schleuderte er ihn ins Meer. Die Druidin Birog rettete den Säugling jedoch und gab ihn dem Meeresgott Manannan in Pflege.

Cian erhielt von Ethne das Halfter und floh vor der Rache des Balor zurück in das Diesseits. Die Hälfte dessen, was Cian dem Jenseitsfährmann (Manannan Mac Lir) geben mußte, war der Sonnengott, der die Hälfte seiner Zeit in der Wasserunterwelt des Manannan Mac Lir verbringen mußte: seinen Weg unter der Erde während der Nacht.

Der Apfelbaumgarten in dieser Geschichte ist leicht als Avalon zu erkennen – zumal er in der Unterwelt steht …

II 1. b) Die Äpfel bei den Slawen

Bei den Slawen ist der „Todesapfel" ein Symbol für die sterbende, d.h. untergehende Sonne gewesen. Diese goldenen, todbringenden Äpfel sind die mächtigste Waffe des slawischen Göttervaters und Donnergottes Perun.

Diese slawischen „Todesäpfel" entsprechen den germanischen „Äpfeln aus dem Obstgarten der Hel" und auch den „Wahnsinns-Äpfeln" der Ex-Frau des keltischen Druiden Merlin, die eine Vorgängerin von Schneewittchens böser Stiefmutter ist – die letztlich auf die Jenseitsgöttin Hel zurückgeht.

II 1. c) Die Äpfel bei den Persern

Bei den Osseten (Narten), den im Kaukasus lebenden Nachkommen der Perser, gibt es die folgende Sage:

Im Garten der Narten stand seit vielen Jahren ein geheimnisvoller Baum mit leuchtenden, himmelblauen Blüten. Jeden Tag reifte an ihm ein einziger Apfel heran. Dieser Apfel war ganz aus Gold. Wie Feuer leuchtete er im Wipfel des Apfelbaumes. Der Apfel besaß Lebenskraft, denn er heilte die Menschen von jedweder Krankheit und ließ alle Wunden vernarben. Nur vor dem Tode konnte er niemanden retten.

... ...
Der Garten der Narten war mit riesigen Hirschgeweihen begrenzt. So hoch war dieser Zaun, daß nicht einmal ein Vogel ihn hätte überfliegen können.

Diese Äpfel wurden jede Nacht gestohlen. Daher sollten zwei Brüder den Baum bewachen – als Strafe für ein Versagen wurde ihnen angedroht, daß dem einen der Kopf und dem anderen die Hand abgeschlagen werden würde.

Die beiden Brüder entdeckten, daß die Äpfel von drei Tauben gestohlen wurden. Als die beiden Brüder ihnen folgten, kamen sie ans Meer. Einer von den beiden folgte ihnen in das Meer zu dem Meeresgott Donbettir, der auch der Totengott war. Dort nahm er eine der Töchter Donbettirs zur Frau. Schließlich kehrte er aus der Unterwelt an das Ufer des Meeres zurück, wo er seinen Bruder tötete, da er dachte, daß dieser heimlich mit seiner Frau geschlafen hatte. Als er erkannte, daß er sich geirrt hatte, tötete er sich auch selber.

Die Tochter Donbettirs gebar nach dem Tod der beiden Brüder Zwillinge.

Auch dieser Apfelbaumgarten ist offenbar eine Entsprechung zu dem keltischen Avalon-Jenseits.

II 1. d) Die Äpfel bei den Griechen

Die Schlange Ladon lag rings um den Apfelbaum im Garten der Hesperiden, der ganz im Westen der Welt, also im Jenseits (Ort des Sonnenunterganges) gelegen ist – in anderen Versionen befindet er sich am Nordpol, also dort, wo sich die Weltachse dreht (dies ist das zweite Jenseitsbild der Indogermanen).

An diesem Baum, der wie der gesamte Garten Hera gehörte, wuchsen wie an dem Baum der germanischen Idun die Äpfel, die die Unsterblichkeit gaben. Auch die Schlange Ladon gehört somit wie Python und Typhon zu der Göttermutter der Griechen. Dieser Garten ist anscheinend einst das Jenseits als der Ort der Muttergöttin, zu dem die Toten in Schlangengestalt kommen, gewesen.

Dieser Garten und vor allem der Apfelbaum in ihm wurde von drei Nymphen bewacht, die den drei Nornen der Germanen an der Weltesche entsprechen. Um die Äpfel ganz sicher zu beschützen, ließ Hera sie von dem nie schlafenden, hundertköpfigen Drachen Ladon bewachen.

Der Drache wurde von Herakles im Verlauf seiner „zwölf Arbeiten" besiegt, die die Reise der Sonne durch die zwölf Tierkreiszeichen, d.h. eine Unterweltsreise darstellen. Dieser Schlangenkampf ist wie auch der Kampf zwischen Zeus und Typhon schon eine Umdeutung.

Eine weitere Umdeutung des Apfels, der mit dem Wahnsinns-Apfel der Kelten und dem Todes-Apfel der Slawen Ähnlichkeit hat, ist der Zank-Apfel der Griechen:

Auf der Hochzeit des Peleus und der Thetis wirft die Göttin Eris, die nicht zu der Hochzeit eingeladen worden war, einen goldenen Apfel mit der Aufschrift „für die Schönste" unter die feiernden Götter – woraufhin ein Streit zwischen Hera, Athena und Aphrodite entsteht, der schließlich zum Trojanischen Krieg geführt hat.

Der Birnbaum in Sparta, der den Dioskuren heilig war, wird vermutlich als Weltenbaum (Variante des sonst üblichen Apfelbaumes) der Weg ins Jenseits sein.

II 1. e) Zusammenfassung

> Bei den Germanen, Kelten, Slawen und Griechen sowie evtl. auch bei den Persern ist der Apfel mit dem Jenseits und mit dem ewigen Leben dort verbunden. Er gehört im allgemeinen der Jenseitsgöttin und wächst an dem Apfelbaum oder an den Apfelbäumen in ihrem Garten. Der Apfel ist bei fast allen diesen Völkern auch schon zur Ursache des Todes umgedeutet worden.

II 2. Die Nüsse in der indogermanischen Überlieferung

II 2. a) Der Hasel bei den Kelten

Die Kelten, die den Germanen nah verwandt waren, sahen die Haselnuß als ein Symbol für Weisheit und Magie an, was eine häufige Sekundärbildungen zu dem Motiv der Wiedergeburt ist. Die Zauberstäbe in den keltisch-irischen Mythen und Sagen sind oft aus Haselzweigen gefertigt.

<u>Die Geschichte des irischen Königs Cormac mac Art</u>

Cormac sieht auf einer Jenseitsreise die Quelle des Göttervaters Dagda, an der Haselsträucher wachsen:

Dann sah Cormac eine weitere königliche Festung und eine weitere Mauer aus Bronze um sie herum. In dieser Festung waren vier Paläste. Er betrat die Festung und sah den geräumigen Palast mit seinen Säulen aus Bronze, seinem Flechtwerk aus Silber und seinen Schindeln, die die Flügel von weißen Vögeln waren.
Dann sah er innerhalb der Mauern einen strahlenden Brunnen, aus dem heraus sich fünf Ströme ergossen und aus dem die Hausherren nacheinander Wasser tranken.
Neun Buan-Haselsträucher wuchsen rings um die Quelle. Die purpurnen Haelsträucher ließen ihre Nüsse in die Quelle fallen und die fünf Lachse, die in der Quelle waren, knackten sie und ließen die Schalen die Ströme hinabtreiben. Der Klang des fallenden und fließenden Wassers dieser Ströme war melodischer als alle Lieder, die die Menschen singen.

Die Quelle mit den Sträuchern und den Lachsen ist aus der keltischen Mythologie gut bekannt. Diese Quelle ist vermutlich auch der wassergefüllte Einweihungsschacht der Druiden.
„Buan" bedeutet „das Gute" und entspricht wohl der Fhirinne („Richtigkeit"), die man durch die Nüsse an den Haselsträuchern und indirekt auch durch das Wasser der Quelle und schließlich auch durch die Lachse, die diese Nüsse gefressen haben, erlangen kann.
Das Erlangen der Weisheit durch das Verspeisen des Lachses des Dagda ist ein beliebtes keltisches Motiv.

<u>Callirus</u>

Der Name des keltischen Gottes „Callirus" bedeutet „Hasel, Wald". Er wurde dem keltischen Schamanen-Gott Cernunnos und dem römischen Waldgott Silvanus gleichgesetzt.

II 2. b)   Der Hasel bei den Römern

In Rom wurde ein Haselzweig als Friedenssymbol benutzt.

II 2. c)   Der Hasel bei den Balten

Bei den ebenfalls mit den Germanen verwandten Balten gab es die Göttin Lazdu Mate, deren Name „Mutter der Haselsträucher" bedeutet. Sie könnte einen ähnlichen Charakter wie Idun gehabt haben.

II 3. Die Apfelgöttin bei den Indogermanen

Die Apfelgöttin und auch die Haselnußgöttin sind aus der Kombination von mehreren Motiven entstanden, die bei den Indogermanen allgemein bekannt sind:

    1. die Göttin der Wiedergeburt, die auch die „ewige Jugend" im Jenseits gibt (siehe den Band 22 über „Freya");
    2. der Apfel als Symbol für das Erlangen der Wiedergeburt und der „ewigen Jugend" (siehe „Apfel" in Band" 45);
    3. die Haselnuß in derselben Funktion wie der Apfel (siehe „Haselnuß" in Band 45);
    4. die Entführung der Göttin, die ein Motiv in dem ständigen Streit zwischen dem Sommergott-Göttervater und dem Wintergott-Unterweltsgott ist (siehe Band 3 über „Tyr" und Band 16 über „Loki").

Mit diesem Apfel und der Haselnuß steht auch noch ein weiteres Motiv in enger Verbindung:

    5. der Ritual-Trank, der dem Trinker die Wiedergeburt im Jenseits sichert (siehe „Göttermet" in Band 69).

Noch weiter zurück in der Entwicklung findet sich schließlich noch ein weiteres Motiv, das auch der Ursprung der Apfel- und Nuß-Symbolik ist:

    6. die Jenseits-Muttergöttin als Baumgöttin (siehe Band 53 über den Weltenbaum „Yggdrasil").

II 3. a) Die Apfelgöttin bei den Kelten

Die frühere Geliebte des Merlin, die ihn und seine Freundin mit vergifteten Äpfeln in den Wahnsinn zu treiben versucht, läßt sich am ehesten durch eine frühere Apfelgöttin erklären, deren Leben-Geben zu einem Tod-Verursachen umgedeutet worden ist. Auch die Auffassung des Jenseits der Kelten als eines Apfelgartens („Avalon") spricht sehr für diese Annahme, denn das Jenseits gehört in den älteren Entwicklungsstufen der Mythen stets der Jenseitsgöttin.

II 3. b)   Die Apfelgöttin bei den Römern

Der Name der römischen Göttin Pomona ist eine Ableitung von „pomum" für „Baumfrucht, Obst" (französisch „pomme" = Apfel).

Pomona ist die Göttin der Obstbäume, der Obstbaumhaine und der Gärten gewesen. Sie wurden mit dem Gedeihen der Bäume, aber nicht mit der Ernte selber verbunden. Dies entspricht der germanischen Idun, die auch keine Erntegöttin, sondern eben eine Apfelgöttin ist.

Die Zeichen der Pomona waren entsprechend ihrer Tätigkeit das gebogene Messer (Hippe), mit dem sie Äste abschneidet und Bäume veredelt, sowie das Füllhorn, das möglicherweise dem germanischen Trinkhorn mit dem Göttermet entspricht.

Der „Pomonal" genannte Tempel der Pomona liegt zwischen Rom und Ostia, dem Hafen Roms, in einem Heiligen Hain. Pomona wurde auch als Waldnymphe angesehen.

Der Opferpriester der Pomona war einer der zwölf „kleineren Opferpriester", was dafür spricht, daß der Kult der Pomona recht alt sein muß. Das Fest der Göttin fand am 13. August statt.

Pomona ist die Frau des ursprünglich etruskischen Gottes Vertumnus. Dieser Gott ist ursprünglich ein Erd- und Jahreszeitengott gewesen, der in späterer Zeit mit dem etruskischen Göttervater Tinia gleichgesetzt worden ist. Dieser enge Bezug des Mannes der Pomona zu den Jahreszeiten und zu dem Göttervater läßt vermuten, daß auch Pomona einst ihre Äpfel dem etruskischen Sonnengott-Göttervater gereicht hat.

Es gibt zu der Göttin Pomona eine interessante Mythe:

Mars ist der Gott des Krieges gewesen. Sein Name ist mit dem des griechischen Ares identisch (ursprünglich: „Mares"). Seine beiden Zwillingssöhne Romulus und Remus zeigen, daß Mars ursprünglich der Sonnengott-Göttervater selber gewesen ist, da dessen Sonnen-Streitwagen von seinen beiden Söhnen in der Gestalt von zwei Schimmeln gezogen worden ist.

Mars ist in erster Linie der Kriegs- und Schwertgott-Aspekt des Göttervaters, der von den Römern „Jupiter" genannt worden ist, aber Mars ist auch ein Gott des Ackerbaus und der Pflanzen gewesen.

Denselben Zusammenhang gibt es bei den Griechen zwischen Zeus und Ares.

Picus („Specht"), der Sohn des Gottes Mars, ist der König von Laurentum, einer Hafenstadt in der Nähe von Rom, gewesen. Er war auch der Gott der Felder, des Waldes, der Pferdezucht, der Quellen und der Sehergabe.

Er wurde vor allem als Förderer des Ackerbaues und insbesondere des Düngens verehrt. Sein heiliges Tier war der Specht, dessen Verhalten Picus auch als Orakel benutzte. Picus soll ein sehr stattlicher Mann gewesen sein, den viele Frauen verführen wollten – insbesondere Nymphen („Waldgöttinnen") und Najaden („Quellgöttinnen").

Picus hatte die Nymphe Canens, eine Tochter des Schamanengottes Janus, zur Frau. Als ihn die Zauberin Circe zu verführen versuchte und er seiner Frau treu bleiben wollte, hat Circe ihn in einen Specht verwandelt. Manchmal wird jedoch auch Circe selber als die Frau des Picus angesehen.

Der Specht wird der Seelenvogel des Picus sein und Circe die Jenseitsgöttin als Wiederzeugungs-Geliebte des Picus.

Picus und seine Frau Canens hatten einen Sohn: Faunus, den Gott des Waldes, der Natur, der Äcker und des Viehs, der Fruchtbarkeit und der lüsternen Träume, und schließlich auch der Weissagungen. Er war wie der griechische Pan ein Mann mit den Hörnern und Beinen eines Ziegenbocks. Er vertrieb zudem die Wölfe.

Der Sohn des Faunus und somit der Enkel des Picus und der Urenkel des Kriegsgottes Mars ist der Gott Silvanus gewesen, dessen Name „der zum Wald gehörende" bedeutet. Da er auch „Mars Silvanus" genannt wurde und da Mars, Picus, Faunus und Silvanus einen sehr ähnlichen Charakter haben, ist anzunehmen, daß diese Generationsfolge ursprünglich die Darstellung des jedes Jahr aufs neue wiedergeborenen Sonnengott-Göttervaters Mars gewesen ist.

Silvanus hat wie sein Vater Faunus die Beine und Hörner eines Ziegenbocks und war der Gott der Wälder, der Meeresküsten, der Hirten und der Fruchtbarkeit des Viehs. Seine Zeichen waren das Winzermesser und die Sichel – er ist also ein Gott des Ackerbaus gewesen, was sich auch daran zeigt, daß er bei den Bauern sehr beliebt gewesen ist. Silvanus hat als erster die Ackergrenzen mit Steinen markiert und er beschütze auch die Ackergrenzen. Er wehrt die Wölfe von dem Vieh der Bauern ab – vermutlich wird er deshalb von einem Hund begleitet.

Silvanus liebt wie Pan die Musik und die Panflöte. Er wurde in einem Heiligen Hain verehrt. Möglicherweise geht er auf den etruskischen Gott Selvans zurück.

Die Nymphe Canens lehnte sowohl den Picus als auch seinen Enkel Silvanus als Freier ab und nahm stattdessen den Gott Vertumnus zum Mann. Dieser etruskische Gott ist wie Mars und seine Nachkommen bzw. seine Reinkarnationen sowohl der Göttervater bzw. ein Aspekt des Göttervaters als auch der Gott der Wildnis und des Ackers.

Diese Wildnis und dieser Erdboden werden vermutlich beide auf die Unterwelt als Wildnis bzw. als Grab in der Erde zurückgehen. Die Wurzel der Mythen der römischen Götter Mars, Picus, Faunus und Silvanus sowie der etruskischen Götter Vertumnus und Tinia werden der Sonnengott-Göttervater in der Unterwelt sein, in der er sich in der Gestalt eines Ziegenbocks mit der Jenseitsgöttin, die dann die Gestalt einer Ziege gehabt haben muß, vereint hat und dann anschließend von ihr im Frühjahr wiedergeboren worden ist.

Vertumnus verwandelt sich eines Tages in eine alte Frau und geht zu der scheuen Pomona, die gerade Bäume pfropft und nichts mit Männer zu tun haben will. Er kost mit in der Gestalt der alten Frau.

Dann weist er auf eine Ulme, an der sich eine Weinrebe emporrankt, und legt ihr dar, daß zum einen niemand diese Ulme beachten würde, wenn an ihr nicht dieser Wein emporranken würde, und daß zu anderen der Wein ohne die Ulme nirgendwo emporranken könnte. Mit diesem Gleichnis überredet Vertumnus die Pomona, ihn als Geliebten zu nehmen, nachdem er sich ihr in seiner wahren, schönen Gestalt gezeigt hat.

II 3. c)   Die Apfelgöttin bei den Germanen

Bei den Germanen ist Idun die Göttin der Äpfel der ewigen Jugend im Jenseits.

II 3. d)   Die Haselnußgöttin bei den Balten

Die baltische Haselnußgöttin Lazdu Mate („Haselnuß-Mutter") ist vermutlich eine enge Analogie zu der Apfelbaumgöttin.

II 3. e)   Die Apfelgöttin bei den Slawen

Die slawische Apfelgöttin läßt sich wie bei den Kelten lediglich aus den „Äpfeln des Todes" rekonstruieren. Die enge Verbindung dieser Äpfel mit dem Göttervater-Donnergott Perun läßt vermuten, daß er einst diese „Äpfel des Lebens" von der Jenseitsgöttin erhalten hat.

II 3. f)   Die Apfelgöttin bei den Griechen

Die Göttin Hera besitzt im Garten der Hesperiden, also im Jenseits, einen Apfelbaum, der die Unsterblichkeit verleiht.

II 3. g) Zusammenfassung

Die Apfelgöttin ist vor allem von den West-Indogermanen bekannt: von den Kelten, Römern, Germanen, Slawen und Balten sowie von den Griechen, die die am weitesten im Westen wohnenden Ost-Indogermanen sind.

Die Apfelgöttin scheint bei all diesen Völkern ursprünglich die Jenseitsgöttin als die Wiederzeugungs-Geliebte und die Wiedergeburts-Mutter des Sonnengott-Göttervaters gewesen zu sein.

III   Idun in der Jungsteinzeit

Auch für diese Epoche ist es sinnvoll, auch die Symbolik der Äpfel und der Nüsse zu betrachten.

III 1.   Die Äpfel in der Jungsteinzeit

III 1. a)   Die Äpfel bei den Sumerern

Die Indogermanen sind eines der Völker, die von den frühen Ackerbauern und Viehzüchtern in Mesopotamien abstammen. Zu diesen Völkern zählen auch die Sumerer. Bei ihnen ist der Apfelbaum als (Welten-)Baum der Muttergöttin Inanna gut bekannt.

III 1. b)   Die Äpfel bei den Semiten

Der in der westlichen Zivilisation bekannteste Weltenbaum ist sicherlich der Baum der Erkenntnis im Paradies, an dem die Äpfel wuchsen, die Adam und Eva nicht essen sollten.
Dieses Arrangement ist aus patriarchaler Sicht umgedeutet worden: Aus der Göttin mit der Schlange und dem Weltenbaum, die im Diesseits und im Jenseits den Menschen das Leben gibt, wurde die Verführerin, die durch ihre Äpfel den Tod in die Welt bringt.

III 1. c)   Die Herkunft des Apfels

Die Äpfel sind vermutlich schon in der Altsteinzeit ein beliebtes Nahrungsmittel gewesen.
Als in der frühen Jungsteinzeit das Motiv des Weltenbaumes als Verbindung zwischen Diesseits und Jenseits entstand, dauerte es vermutlich nicht lange, bis der Weg und das Ziel, also der Baum und die Jenseitsgöttin, eng miteinander assoziiert worden sind – zumindestens ist dieses Motiv bei praktisch allen Völkern, die von den frühen

Ackerbauern in Mesopotamien abstammen, vorhanden. Daher findet sich in den Mythen dieser Völker auch die Baumgöttin – am deutlichsten bei den Ägyptern die Göttin Hathor.

Der Weltenbaum als Jenseitsverbindung war auch der Weg der Seelenvögel in das Jenseits und von dort zurück ins Diesseits. Daher hat es nicht lange gedauert, bis auch das Motiv der „Seelenvögel auf dem Weltenbaum" entstanden war.

Von dort aus war es wiederum nur ein kleiner Schritt, auch die Blüten an diesem Baum als Seelensymbole aufzufassen, was sich wieder vor allem in Ägypten findet.

Das Stillen der Wiedergeborenen im Jenseits ergab in Kombination mit der Baumgöttin das Motiv der die Toten stillenden Baumgöttin. Auch dieses Motiv ist am besten aus Ägypten bekannt.

Nachdem die Milch der Göttin in den Mythen zu einem rituellen Wiedergeburtstrank geworden war, lag es nahe, auch den Äpfeln an dem Weltenbaum das Verleihen der Wiedergeburt bzw. des ewigen Lebens zuzuschreiben.

In Ägypten fehlt diese Apfelsymbolik vollständig. Bei den Indogermanen findet sie sich bei den Westindogermanen (Kelten, Römer, Germanen, Slawen) sowie bei zwei Völkern der Ostindogermanen (Griechen und Perser). Die Apfelsymbolik ist somit in einem zusammenhängenden Gebiet zu finden: von West- und Mitteleuropa bis nach Mesopotamien und evtl. noch nach Persien (Iran).

Die Äpfel stammen ursprünglich aus dem Tian-Shan im Grenzgebiet zwischen der Mongolei und Rußland. Die Hauptstadt dieses Bereichs heißt Alma Ata, was „Großvater des Apfels" bedeutet.

Von dort aus gelangten die Äpfel schon früh in das Gebiet rings um das Kaspische Meer. Da bereits die Sumerer die Äpfel kannten, muß dies um spätestens 3000 v.Chr. geschehen sein. Bis an den Nil zu den Ägyptern sind die Äpfel jedoch nicht gelangt. Offenbar haben die Indogermanen die Apfelsymbolik (und auch die Äpfel?) nur teilweise übernommen, was vermuten läßt, daß dies erst nach dem Beginn der Differenzierung der einzelnen indogermanischen Völker um 2800 v.Chr. geschehen ist. So fehlt z.B. bei den Indern und bei den Hethitern in der heutigen Zentral-Türkei die Apfelsymbolik.

Die vermutliche Verbreitung des Apfels und seiner Symbolik könnte in etwa wie folgt ausgesehen haben:

Die Verbreitung des Apfels				
Tian Shan (China) =>	spätestens 3500 v.Chr.: Ufer des Kaspischen Meeres =>	spätestens 3000 v.Chr.: Sumer (Mesopotamien) =>	Semiten (Mesopotamien, Saudi-Arabien)	
		ca. 2200 v.Chr.: Griechen =>	ca. 2000 v.Chr.: Westindogermanen	Germanen
				Kelten
			sie spalteten sich in mehrere Völker auf:	Römer
				Slawen

Da die Symbolik des Apfels bei diesen Völkern in Europa, in Mesopotamien und in den angrenzenden Gebieten recht einheitlich ist, ist anzunehmen, daß diese Symbolik bereits in den Gebieten rings um das Kaspische Meer entstanden ist.

III 2. Der Hasel in der Jungsteinzeit

Die Symbolik der Haselnuß findet sich bei den Kelten, Römern und Germanen. Das von ihnen bewohnte Gebiet ist in der mittleren Jungsteinzeit (7000-5000 v.Chr.) das Verbreitungsgebiet der Haselnuß gewesen. Daher könnten diese drei indogermanischen Völker die Symbolik der Haselnuß von den nicht-indogermanischen Völkern übernommen haben, die vor ihnen in Westeuropa gelebt haben, also von den Erbauern der Megalithanlagen (ca. 5000-1500 v.Chr.).

Während der letzten Eiszeit, die um 10.000 v.Chr. endete, gab es die Haselnuß nur in Südwesteuropa, vor allem im Norden von Portugal.

In der Zeit von 7000-6000 v.Chr. war der Hasel das dominierende Gehölz in Mitteleuropa. Anschließend wurde der Hasel vom Eichenmischwald abgelöst. Für die Jäger (seit der Eiszeit) und die frühen Bauern (ab 7000 v.Chr.) in Europa wird die Haselnuß ein wichtiges Nahrungsmittel gewesen sein.

Ab 5000 v.Chr. verbreitete sich der Hasel bis nach Schweden und erst ab 2000 v.Chr. auch bis an die obere Wolga.

Das Verbreitungsgebiet des Hasels ist heute Europa, Anatolien und der Kaukasus.

Die ursprünglichen Indogermanen, die von 7000 v.Chr. bis 2800 v.Chr. in der südrussischen Steppe nördlichen des Schwarzen Meeres und des Kaspischen Meeres gelebt haben, werden also keine Haselnüsse gekannt haben, weshalb sie auch keine Hasel-Mythen gehabt haben können. Die Hasel-Mythen treten bei den Indogermanen nur bei den drei Völkern auf, die in den Bereich eingewandert sind, in dem es einst ausgedehnte Haselwälder und daher vermutlich auch schon Haselnuß-Mythen gegeben hat.

III 3. Die Apfelgöttin in der Jungsteinzeit

Die beiden einzigen „außer-indogermanischen Apfelgöttinnen" sind die sumerische Inanna und die aus ihr entstandene, aber schon sehr stark aus patriarchaler Sicht umgedeutete Eva aus der Bibel.

In einigen Mythen hat es auch „nährende Baumgöttinnen" gegeben wie z.B. bei den Ägyptern, bei den die Mutter-, Kuh- und Himmelsgöttin Hathor als Baumgöttin den verstorbenen Pharao im Jenseits stillt. Dies ist offensichtlich eine archaischere Variante der Apfelbaumgöttin. Man kann also vermuten, daß die Muttergöttin, die mit dem Weltenbaum als dem Weg zu ihr assoziiert worden ist, in der mittleren Jungsteinzeit mit dem Apfelbaum als Symbol für die „Jenseitsspeise" kombiniert worden und auf diese Weise bei einigen Völkern zur Apfelgöttin geworden ist.

Bei den Indogermanen finden sich vier Apfelgöttinnen: Idun, Pomona, Hera und Merlins Geliebte. Dazu kommt noch die Haselnußgöttin der Balten.

Mythologisch wichtige Äpfel finden zusätzlich noch bei den Slawen und den Persern.

Bei den nostratischen Völkern, die alle von den mittel-jungsteinzeitlichen Bauern in Mesopotamien abstammen, ist die Apfelgöttin von den Sumerern und von den Semiten bekannt. Zu ihnen kommt noch die Baumgöttin der Ägypter hinzu, die die Toten stillt.

Um sich ganz sicher zu sein, daß die Apfelgöttin ein altes, nostratische Motiv ist, wären die Kenntnis einiger weiterer Apfelgöttinnen sehr willkommen, aber auch so läßt sich die Überlieferung kaum ohne die Annahme einer solchen mittel-jungsteinzeitlichen Apfelgöttin erklären.

Es wäre allerdings auch denkbar, daß es lediglich das Motiv der die Toten stillenden Jenseitsgöttin, des Weltenbaumes als Weg zu dieser Göttin sowie des Apfels und der Haselnuß als möglichen Ersatz für die Milch der Göttin gegeben hat und daß diese drei Motive nur gelegentlich zu einer Apfel- oder Haselnußgöttin zusammengefügt worden sind. Aber acht Apfel- und Haselnußgöttinnen sind eigentlich zu viel für eine solche Annahme …

Der folgende Stammbaum der Völker, die von den mesopotamischen Bauern in der frühen Jungsteinzeit abstammen, ist nur in ihrem indogermanischne Teil vollständig dargestellt.

Die Apfelgöttin und die baltische Haselnußgöttin sind in der folgenden Übersicht fett gedruckt. Die Äpfel und Haselnüsse in den Mythen, in denen keine Apfel- oder Haselnußgöttin vorkommt, sowie die nährende Baumgöttin der Ägypter sind fett und kursiv gedruckt.

Der nachgewiesene Stammbaum der Apfelgöttin ist mittelgrau hinterlegt, der vermutete Teil hellgrau.

nährende Baumgöttin in der frühen Jungsteinzeit	Apfelgöttin der mittleren Jungsteinzeit	Indogermanen	West-Indogermanen	Balto-Slawen			Balten: **Lazdu Mate**
							Slawen: *Äpfel*
				Tocharo-Germanen	Tocharo-Romanen	Kelto-Romanen	Kelten: **Merlins Geliebte**
							Römer: **Pomona**
						Tocharer	
					Germanen: **Idun**		
			Süd-Indogermanen				Lyder
				Hethito-Luwier	Hethito-Palaer		Hethiter
							Palaer
					Luwier		
			Ost-Indogermanen	Gräco-Thraker			Thraker
					Griechen: **Hera**		
				Indo-Skythen			Skythen
					Indo-Armenier		Armenier
						Indo-Mitanni	Mitanni
							Indo-Perser: Perser: *Äpfel* / Inder
		Sumerer: **Inanna**					
		Elamiter					
		Semiten: **Eva**					
		Ägypter: ***Hathor***					

IV Idun in der Altsteinzeit

Für diese Zeit läßt sich nur noch etwas über die Haselnuß sagen.

IV 1. Der Hasel in der Altsteinzeit

Ob der Hasel bereits in der Altsteinzeit eine Bedeutung gehabt hat, ist ungewiß – falls ja, müßte sich dies auf Südwesteuropa beschränkt haben, da der Hasel nur dort wuchs.

> Diese Haselsymbolik stammt recht sicher von den Erbauern der Megalithanlagen in West- und Mitteleuropa. Die Römer, Kelten und Germanen haben sie von ihnen übernommen, als sie deren Gebiete besiedelt haben.

V Die Biographie der Idun

Säugetiere   (vor 210 Millionen Jahren)

Der eigentliche Anfang aller Muttergöttinnen liegt in der Entstehung der Säugetiere, durch die sich das Bild der beschützenden und stillenden Mutter gebildet hat. Dieses Mutterbild ist auch der Ursprung der Göttin Idun.

Muttergöttin   (vor 600.000 Jahren)

Als der Home erectus zu Beginn der Eiszeit auch Nordeurasien zu besiedeln begann, war er aufgrund der Temperaturen dazu gezwungen, Hütten zu erfinden und zu bauen. Dies war der erste Innenraum im Leben der Menschen – außer dem Bauch der Mutter vor der Geburt. Diese Hütten wurden mithilfe von Steinen erwärmt, die in einem Feuer vor der Hütte zum Glühen gebracht wurden.

Auf diese Weise entstand die Schwitzhütten-Zeremonie, die im Wesentlichen aus der smybolischen Rückkehr in den Bauch der Großen Mutter ist.

Durch Nahtod-Erlebnisse werden die Menschen schon damals festgestellt haben, daß man den eigenen physischen Leib verlassen kann. Dadurch ist die Vorstellung einer Seele entstanden.

Es stellte sich daraufhin natürlich die Frage, wohin diese Seele nach dem Tod des Menschen gehen – so entstand die Vorstellung von einem Jenseits. Die Ankunft in diesem Jenseits hat man sich als eine zweite Geburt, also eine „Wiedergeburt" vorgestellt. Auf diese Weise wurde die Große Mutter auch zur Jenseitsmutter, zur Jenseitsgöttin.

Die Äpfel sind vermutlich schon in der Altsteinzeit ein beliebtes Nahrungsmittel gewesen.

Die zweifache Göttin   (30.000 v.Chr.)

In den Höhlenmalereien in Südfrankreich ist mehrfach eine „Doppelfrau" dargestellt worden, die wie auf den Darstellungen auf Skatkarten aus zwei Oberkörpern kombiniert worden ist. Dies wird die zweifache Göttin sein: die Mutter, die den

Lebenden ihre Geburt gibt und die den Toten ihre Wiedergeburt gibt.

Vermutlich ist die Wiedergeburt zu dieser Zeit schon durch die Wiederzeugung und das Wiederstillen ergänzt worden. Dieses Wiederstillen ist der Ursprung der „Äpfel der ewigen Jugend" der Idun.

Ob der Hasel bereits in der Altsteinzeit eine Bedeutung gehabt hat, ist ungewiß – falls ja, müßte sich dies auf Südwesteuropa beschränkt haben, da der Hasel nur dort wuchs.

Die Baumgöttin in Mesopotamien   (9.000 v.Chr.)

In der frühen Jungsteinzeit wurden Dinge aus der „kleinen Welt" des Alltags benutzt, um die Dinge der „Großen Welt" zu beschreiben („Megalisierung"). Die Erde wurde zu einem riesigen Menschen (Ymir), der Himmel zu einer Riesenkuh (Audhumla), zu einer riesigen Göttin oder zu dem Schädel des Urriesen (Ymir), die Sonne und der Mond wurden zu den Augen dieses Urmenschen und die Verbindung zwischen Erde und Himmel, zwischen Diesseits und Jenseits wurde als riesiger Baum angesehen – die Nabelschnur der Menschen zu der Himmelsgöttin.

Es wird vermutlich nicht lange gedauert haben, bis der Weg und das Ziel, also der Baum und die Himmels-Jenseitsgöttin, eng miteinander assoziiert worden sind.

Der Weltenbaum als Jenseitsverbindung war auch der Weg der Seelenvögel in das Jenseits und von dort zurück ins Diesseits. Da hat es nicht lange gedauert, bis auch das Motiv der „Seelenvögel auf dem Weltenbaum" entstanden war.

Von dort aus war es wiederum nur ein kleiner Schritt, auch die Blüten an diesem Baum als Seelensymbole aufzufassen, was sich wieder vor allem in Ägypten findet.

Das Stillen der Wiedergeborenen im Jenseits ergab in Kombination mit der Baumgöttin das Motiv der die Toten stillenden Baumgöttin. Auch dieses Motiv ist am besten aus Ägypten bekannt.

Nachdem die Milch der Göttin in den Mythen zu einem rituellen Wiedergeburtstrank geworden war, lag nahe, auch den Äpfeln an dem Weltenbaum das Verleihen der Wiedergeburt bzw. des ewigen Lebens zuzuschreiben.

Während der letzten Eiszeit, die um 10.000 v.Chr. endete, gab es die Haselnuß nur in Südwesteuropa, vor allem im Norden von Portugal.

Die Haselnuß in der westeuropäischen Megalithkultur   (5.000 v.Chr.)

In der Zeit von 7000-6000 v.Chr. war der Hasel das dominierendes Gehölz in

Mitteleuropa. Anschließend wurde der Hasel vom Eichenmischwald abgelöst. Für die Jäger (seit der Eiszeit) und die frühen Bauern (ab 7000 v.Chr.) in Europa wird die Haselnuß ein wichtiges Nahrungsmittel gewesen sein.

Ab 5000 v.Chr. verbreitete sich der Hasel bis nach Schweden und erst ab 2000 v.Chr. auch bis an die obere Wolga.

Möglicherweise hat die Haselnuß bei den Menschen, die zwischen 5000 v.Chr. und 1500 v.Chr. in West- und Nordwest-Europa die Megalithbauten errichtet haben, schon eine mythologische Bedeutung gehabt, die den Äpfeln der Idun geähnelt hat.

Die Apfelbaumgöttin in Mesopotamien (4.000 v.Chr.)

Die Äpfel stammen ursprünglich aus dem Tian-Shan-Gebirge im Nordwesten der Wüste Gobi. Die Hauptstadt dieses Bereichs heißt Alma Ata, was „Großvater des Apfels" bedeutet. Ob die Äpfel schon dort eine mythologische Bedeutung gehabt haben, ist unbekannt. Da die Äpfel dort einen wichtigen Bestandteil der Ernährung gebildet haben könnte, ist eine Apfel-Symbolik jedoch sehr wahrscheinlich. Vermutlich ist der Apfel auch mit der Muttergöttin, die schließlich das Bild der Ernährerin (Stillen) gewesen ist, verbunden worden.

Von dort aus gelangten die Äpfel und das vermutete Motiv der Apfelgöttin schon früh in das Gebiet rings um das Kaspische Meer. Da bereits die Sumerer die Äpfel kannten, muß dies um spätestens 3000 v.Chr., aber vermutlich nicht erst im letzten Augenblick vor der Entstehung der schriftlichen Überlieferungen um ca. 3.000 v.Chr. geschehen sein.

Da die Symbolik des Apfels bei diesen Völkern in Europa, in Mesopotamien und in den angrenzenden Gebieten recht einheitlich ist, ist anzunehmen, daß diese Symbolik bereits in den Gebieten rings um das Kaspische Meer oder bereits zuvor in den Bergen des Tian-Shan entstanden ist.

Die Apfelbaumgöttin bei den Indogermanen (2.800 v.Chr.)

Wie die Mythen der Indogermanen zeigen, haben sie die Apfelsymbolik (und auch die Äpfel?) nur teilweise übernommen, was vermuten läßt, daß dies erst nach dem Beginn der Differenzierung der einzelnen indogermanischen Völker um 2800 v.Chr. geschehen ist. So fehlt z.B. bei den Indern und bei den Hethitern in der heutigen Zentral-Türkei die Apfelsymbolik.

Bei den Indogermanen findet sich die Apfel-Symbolik bei den Westindogermanen

(Kelten, Germanen, Slawen) sowie bei zwei Völkern der Ostindogermanen (Griechen und recht spät auch bei den Perser).

Die Apfelbaumgöttin bei den West-Indogermanen (2.000 v.Chr.)

Das Hauptgebiet der Symbolik des Apfels und der Apfelgöttin bei den Indogermanen ist die westliche Hälfte von Europa: der Siedlungsbereich der Kelten (Merlins frühere Geliebte), Römer (Pomona), Germanen (Idun), Slawen (Apfel des Todes), Balten (die Haselgöttin Lazdu Mate) und Griechen (Hera).

Die ersten fünf dieser Völker bilden den westlichen Zweig der Indogermanen. Die Griechen haben jedoch sehr oft mythologische Motive, die mit denen dieser fünf Völkern übereinstimmen. Es hat daher den Anschein, als ob die Griechen zwar sprachlich zu den Ost-Indogermanen gehören würden, aber sich offenbar schon recht früh den West-Indogermanen angeschlossen haben, sodaß diese sechs Völker eine gemeinsame Mythologie entwickelt haben.

Bei diesen gemeinsamen Vorfahren der Kelten, Römer, Germanen, Slawen und Balten sowie auch bei den Griechen ist die Apfelsymbolik vor allem in die Wiedergeburts-Mythen des indogermanischen Sonnengott-Göttervaters, der bei ihnen u.a. Zeus, Jupiter, Dagda und Diar (Tyr) hieß, eingebaut worden.

Dieser Göttervater ist bei den West-Indogermanen auch zu seinem Schwert- und Kriegsgott geworden und wurde in dieser Funktion z.T. „Mares" genannt, woraus dann später „Mars" und „Ares" wurde. Dieser Schwertgott-Göttervater schmiedete in der Unterwelt sein bei seinem Tod zerbrochenes Schwert neu. Dadurch gelangten die Äpfel und die Apfelgöttin in die Wiedergeburtsmythen des Göttervaters.

Da diese Mythe führte dazu, daß die Jenseitsgöttin, die die Wiedergeburts-Geliebte und die Wiedergeburts-Mutter des Sonnengott-Göttervaters Dhyaus gewesen ist, schließlich, als die früheren Mythen in Götterstammbäume eingefügt wurden, zu der Frau des Göttervaters wurde wie z.B. Hera und Pomona. Der Drache, der in diesem Zusammenhang auftaucht wie der Drache Ladon der Hera, ist der Göttervater in der Unterwelt.

Die Symbolik der Haselnuß findet sich nur bei dem westlichsten Teil der West-Indogermanen, also bei den Kelten, Römern und Germanen sowie bei den Balten, die die Nachbarn der Germanen gewesen sind.

Das von den Kelten, Römern und Germanen bewohnte Gebiet ist in der mittleren Jungsteinzeit (7000-5000 v.Chr.) das Verbreitungsgebiet der Haselnuß gewesen. Daher könnten diese drei indogermanischen Völker die Symbolik der Haselnuß von den nicht-indogermanischen Völkern übernommen haben, die vor ihnen in Westeuropa gelebt haben, also von den Erbauern der Megalithanlagen (ca. 5000-1500 v.Chr.).

Die Hasel-Mythen treten bei den Indogermanen nur bei den drei Völkern auf, die in den Bereich eingewandert sind, in dem es einst ausgedehnte Haselwälder und daher vermutlich auch schon Haselnuß-Mythen gegeben hat, sowie bei den in ihrer Nachbarschaft lebenden Balten.

Eine Haselnußgöttin ist jedoch nur von den Balten (Lazdu Mate) sowie evtl. von den Germanen (Idun) bekannt.

Die Apfelbaumgöttin bei den frühen Germanen (1.800 v.Chr.)

Zu dieser Zeit wird es in der germanischen Religion die Jenseitsgöttin als Apfelbaumgöttin gegeben haben. Sie wird die Jenseitsgöttin und vermutlich auch schon die Frau des Sonnengott-Göttervaters Tyr gewesen sein. Der Sommergott Tyr und der Wintergott Loki haben sich auch schon damals in einem endlosen, zyklischen Kampf, der die Jahreszeiten entstehen ließ, um die Jenseitgöttin sowie ihre Äpfel und auch ihren goldenen Halsreif Brisingamen, der das Symbol der Sonne und ihrer Wiedergeburt gewesen ist, gestritten haben. Dieser Streit geht bis zu den frühen Indogermanen zurück und bildet den Kern der Nationalepen aller indogermanischen Völker.

Zu dieser Zeit ist die Milch der Göttin in den Mythen und Ritualen schon zu dem Göttermet geworden. Als Ergänzung oder zum Teil vielleicht auch anstelle dieses Ritualtrankes werden in den Jenseitsvorstellungen die Äpfel und die Haselnüsse verwendet worden sein.

Die Symbolik der Äpfel haben die Germanen selber mitgebracht, während sie die Symbolik der Haselnüsse von den Erbauern der Megalithanlagen übernommen haben, die vor ihnen in Südskandinavien gelebt haben, das nun von den Germanen bewohnt wurde.

Die Apfelbaumgöttin bei den mittleren Germanen (400 v.Chr.)

Zu dieser Zeit wird der Umbau und die Vereinheitlichung der Mythen zu Götter-Stammbäumen schon lange abgeschlossen worden sein.

In den Wiedergeburts-Mythen ist die Wiedergeburt des Sonnengott-Göttervaters Tyr durch die Wiedergeburt der Jenseitsgöttin zusammen mit ihm ergänzt worden: Jede Gestalt in den Mythen wurde als eigenständig und als ein Element in den Götter-Stammbäumen angesehen – selbst der alte, abendliche Sonnengott-Göttervater Tyr und der am Morgen sozusagen als sein eigener Sohn wiedergeborene Sonnengott-

Göttervater.

Dies hatte zur Folge, daß der Göttervater und die Jenseitsgöttin der nächsten Generation zu den Kindern des Göttervaters und der Jenseitsgöttin der vorigen Generation wurden. Diese Struktur findet sich bei Njörd und seiner Schwester Nerthus, deren Kinder Freyr und Freya wiederum zusammen einen Sohn gezeugt haben. Auf diese Weise ist ungewollt das Inzest-Motiv in den Wiedergeburts-Mythen entstanden.

Da nun durch dieses Inzest-Motiv im Verlaufe der Generationen die Göttin sowohl die Mutter, die Frau-Schwester als auch die Tochter des Göttervaters gewesen ist, konnte bei dem Erstarken der Position des Göttervaters innerhalb der Mythen („Patriarchalisierung") das Verhältnis der Göttin zu dem Göttervater ohne große Mühe auf die „Tochter" reduziert werden.

Von diesem Entwicklungs-Stand der Idun-Mythen finden sich noch genügend Bruchstücke in der schriftlichen Überlieferung, um sie rekonstruieren zu können: Der alte Tyr ist der Vater des jungen Thiazi (Tyr) und seiner Brüder Idi und Gangr, die die Repräsentanten der drei Stände sind, sowie der Jenseitsgöttin Idun und seiner beiden Zwillingssöhne („Alcis"), die als zwei Schimmel seinen Sonnen-Streitwagen ziehen.

Sehr wahrscheinlich hat Loki zu dieser Zeit in jedem Herbst dem Tyr die Frau, also Frigg-Freya-Idun, geraubt und konnte sich dadurch mit ihr wiederzeugen und in das Diesseits zurückkehren und mit seiner Herrschaft den Winter beginnen. Dabei wird Loki auch die Äpfel der Idun sowie das Brisingamen der Freya geraubt haben, die beide ein Symbol für die Wiedergeburt waren. Im Frühjahr gelang es dann Tyr, dem Loki die Göttin und deren Äpfel sowie das Brisingamen zurückzurauben, woraufhin dann der Sommer begann.

Das Symbol des Apfels und der Haselnuß muß als Wiedergeburts-Symbol genauso beliebt gewesen sein wie der Met-Trunk, da sich sowohl Äpfel als auch Haselnüsse in Gräbern gefunden haben.

Die Apfelbaumgöttin bei den späten Germanen   (1.200 n.Chr.)

Durch die Absetzung des nordgermanischen Göttervaters Tyr durch Thor und Odin gelangte Idun zu den Asen, denen sie nun die Äpfel gab, die jetzt nicht mehr die Wiedergeburt des Tyr, sondern die ewige Jugend der Asen bewirkten.

Die alte Mythe blieb jedoch in umgedeuteter Form erhalten: Tyr wurde zu dem „bösen Riesen" Thiazi, der Loki zwang, Idun zu entführen und zu ihm zu bringen. Daraufhin haben die Asen dann Loki gezwungen, Idun von Thiazi zu entführen. Als Thiazi dann Loki verfolgt habt, ist er von den Asen getötet worden.

VI Das Aussehen der Idun

Über das Aussehen der Idun ist nicht viel bekannt, aber es läßt sich dennoch ein Bild mit einigen Details entwerfen.

Über Iduns Gestalt wird nirgendwo etwas ausgesagt. Es ist lediglich bekannt, daß sie freundlich blickt, da sie eine Göttin ist, die Streit besänftigt. Vermutlich wird sie als Göttin der Fülle an Äpfeln und Nüssen und Met nicht gerade hager sein.

Da diese drei Dinge letztlich auf die Milch der Jenseitsgöttin beim Wiederstillen zurückgehen, wird sie vermutlich zumindestens nicht ganz kleine Brüste haben.

Iduns Kleidung wird der Kleidung der germanischen Frauen entsprochen haben. Diese trugen damals einen Kittel mit Ärmeln, ein Kleid, einen Mantel sowie einen Gürtel mit Tasche und Schuhen. Diese Kleidung wurde aus gewebten Woll- und Leinenstoffen hergestellt, die z.T. durch Felle ergänzt wurden. Die Stoffe wurden manchmal auch eingefärbt.

Der Kittel war eine Art langes Hemd mit langen Ärmeln, die wie bei den Männern recht eng zugeschnitten wurden. Die Naht der Ärmel lag an der Vorderseite und nicht wie heute an der Unterseite. Der Kittel wurde meist an der Seite geschnürt, sodaß er eng anlag.

Über diesem Kittel trugen die germanischen Frauen ein langes Kleid, das „Peblos" genannt wurde. Dieses Kleid bestand aus einem weiten „Stoffschlauch" der nur wenig kürzer als die betreffende Person groß war. Die Frau zog sich diesen „Schlauch" über, schlug den oberen Teil bis unter die Achseln hinab nach außen um, sodaß oben über dem Kleid (unter ihren Armen) eine Art „Schal" lag, und befestigte den „Schlauch" über ihren beiden Schultern mit je einer Fibel („Sicherheitsnadel"). Dafür zog sie vorne und hinten je ein Stück Stoff des „Schlauches" bis auf die Schultern hoch und steckte dann den Dorn der Fibel durch beide Stoffstücke. Dieses Kleid wurde unter den Brüsten und evtl. auch um die Taille mit je einem Gürtel zusammengebunden.

Manchmal wurde statt des Kleides auch ein Rock getragen. Auch er war ein „Stoffschlauch", der bei Mädchen nur ca. 30cm lang war, aber bei den Frauen bis zu den Füßen reichte. Auch er wurde mit dem Kittel kombiniert.

Über dem Kittel und dem Rock bzw. Kleid trugen die Germaninnen wie die Männer einen Umhang. Er bestand aus einem ca. 1,80m x 3m großen Stoffstück, das am Rand oft durch ein Muster aus aneinandergereihten Quadraten verziert war. Der Umhang wurde über der rechten Schulter durch eine Fibel zusammengehalten.

An dem Gürtel um die Hüfte hing evtl. eine Tasche, in dem sich wichtige Gegenstände befanden.

Die Schuhe waren recht einfach und bestanden oft lediglich aus einem Lederstück, das kunstvoll um den Fuß gebunden wurde.

Es lassen sich nun Überlegungen darüber anstellen, ob die Kleidung der Idun wohl besondere Merkmale gehabt haben könnte. Als Apfelgöttin lassen sich die Farben goldgelb, rot, grün und braun vermuten. Ein brauner Kittel und ein grünes Kleid und darüber ein rot-gelber Umhang würde zumindest farblich gut den „Apfelbaum der Idun" symbolisieren.

Die Fibel an ihrem Mantel könnte in der Form eines Apfels oder eines Haselnuß-zweiges gearbeitet sein.

Anstelle der Tasche könnte Idun einen Korb oder ihre Eschenholz-Kiste mit ihren Äpfeln und evtl. auch mit Haselnüssen tragen. Am vollständigsten wäre das Bild, wenn sie in der einen Hand einen Korb mit Äpfeln und Haselnüssen und in der anderen Hand ein Trinkhorn mit Met halten würde.

Als Schmuck trägt sie einen goldenen Halsreif, der letztlich mit Freyas Brisingamen identisch ist.

Als Seherin sollte sie auch einen Stab besitzen, aber dieser Seherinnen-Aspekt ist bei ihr nicht sehr ausgeprägt – und sie hat keine Hand mehr für einen Stab frei …

Idun wird am ehesten in ihrem Apfelbaumgarten stehen oder am Fuße des Welten-baumes, der in diesem Fall ein Apfelbaum sein sollte. Um auf den Zyklus von Tod und Wiedergeburt hinzuweisen, könnte die Krone dieses Baumes in vier Viertel ge-teilt sein, von denen ein Viertel die Blüten des Frühlings, ein Viertel die reifen Äpfel des Sommers, ein Viertel die bunten Blätter des Herbstes und das letzte Viertel die kahlen Äste des Winters tragen könnte.

Da Idun im „Süden", d.h. im Himmels-Jenseits des Tyr wohnt, kann man sich im Hintergrund hoch am Himmel, also im Süden, die strahlende Sonne vorstellen.

Man könnte sich unter der Gestalt der Idun auch drei kleinere Gestalten der Idun vorstellen, die die Jenseitsgöttin als Wiederzeugungs-Geliebte, als Wiedergeburts-Schwangere und als Wiederstillens-Mutter darstellen. Dabei würden die Äpfel, die Haselnüsse und der Met der Milch der Göttin entsprechen.

Als vierte, kleinere Gestalt könnte man Idun schließlich noch als die mit einem Wolfsfell bekleidete Herrin des Totenreiches abbilden.

Neben Idun, aber kleiner und im Hintergrund sind ihr Vater Tyr-Iwaldi (der ursprünglich von ihr wiedergeboren worden ist), sowie ihre beiden Brüder, die Alcis-Zwillinge (als Jünglinge oder als zwei Schimmel mit goldener Mähne und Schweif sowie mit goldenen Hufen und Zähnen) und ihre drei Halbbrüder (die Repräsentanten der drei Stände) zu sehen.

Diese ganzen Verwandten stammen jedoch aus einer relativ jungen Zeit der Ent-wicklung der Göttin Idun, in der sie schon von der Jenseitsgöttin und Sonnenmutter zur Tochter des Sonnengott-Göttervaters Tyr geworden ist. Daher könnte man diese Gestalten eher schemenhaft abbilden bzw. imaginieren.

Auf dieselbe Weise könnte neben Idun auch ihr Mann, der Skaldengott Bragi, stehen, der als sein Merkmal evtl. eine Harfe in seiner Hand hält. Auch das Motiv dieser Ehe wird relativ jung sein.

VII Zugang zu Idun

Der Anfang einer Beziehung zu einer Gottheit liegt darin, daß man in irgendeiner Weise auf diese Gottheit aufmerksam wird – durch eine Mythe, ein Gedicht, ein Gespräch, einen Traum, eine Vision … es gibt viele Möglichkeiten.

Der zweite Schritt wird oft sein, daß man sich Informationen über diese Gottheit beschafft – wie z.B. das vorliegende Buch.

Falls man eine lyrische Ader hat, kann man die Dinge, die man über die Gottheit in Erfahrung gebracht hat, einmal selber in Verse oder in eine kleine Geschichte fassen. Dadurch werden die gesammelten Informationen deutlich persönlicher.

Doch die eigentlich Begegnung beginnt erst dann, wenn man tatsächlich Kontakt mit dieser Gottheit aufnimmt.

Man kann sie z.B. bitten, einem einen Tag lang oder auch eine ganze Mondphase lang Zeichen zu senden – und dann aufmerksam zu sein, was geschieht.

Man kann stattdessen auch um Träume bitten – das sollte man so wählen, wie es einem am sympathischsten ist und wie es einem am leichtesten fällt.

Ein deutlicher Schritt ist es, wenn man eine Traumreise unternimmt, d.h. wenn man sich entspannt hinlegt oder hinsetzt, sich innerlich auf die Gottheit ausrichtet und sie bittet, daß man ihr begegnet und dann schaut, was man innerlich wahrnimmt. Auf diese Weise kommt man zu einer persönlichen Begegnung mit der Gottheit, die in der Regel sowohl Elemente aus den bekannten Mythen als auch neue Elemente enthält, wobei sich diese neue Elemente stets zwanglos in die bereits bekannten Elemente einfügen und sie ergänzen oder die Verbindung zu der heutigen Zeit schaffen – auch Götter und Göttinnen entwickeln sich weiter …

Der erste Schritt, die Gottheiten in den eigenen Alltag zu integrieren, ist die Bitte an die Gottheit um Hilfe bei einer Sache, die zu ihrem Bereich gehört. Wenn man dann die Hilfe erleben und spüren kann, die man erhält, wird man aufhören, die Gottheit zu „betrachten" oder gar nur zu „studieren", sondern man wird sie nach und nach immer selbstverständlicher „benutzten" – so wie man einen Freund um Hilfe bittet, wenn man etwas nicht alleine bewältigen kann.

Der nächste Schritt ist die Anrufung dieser Gottheit. In der Regel wird man dabei aufrecht stehen und damit beginnen, die Gottheit zu beschreiben und sie sich dabei vor sich selber entsprechend der Beschreibung vorzustellen. Dabei kann man auch bereits vorhandene Texte benutzen, die man abliest oder besser auswendig spricht.

Danach geht man dazu über, die Taten und Erlebnisse dieser Gottheit aus den Mythen zu beschreiben. Dabei beginnt mit der im Verlauf dieser Beschreibung, die Gottheit direkt anzusprechen, also nicht mehr wie bei der Beschreibung des

Aussehens „Die Gottheit hält in ihrer Hand ein..." zu sagen, sondern „Du hast damals das und das getan ...". Dabei stellt man sich vor, daß die Gottheit sich einem annähert.

Nach der Beschreibung des Aussehens und der Mythen beginnt man dann über die eigenen Erlebnisse mit der Gottheit zu sprechen. Dabei wechselt man dann irgendwann von sich selber als Sprecher zu der Gottheit als Sprecher, wobei man zugleich in der eigenen Vorstellung mit der Gestalt der Gottheit verschmilzt und selber die Gestalt dieser Gottheit annimmt.

Ab diesem Zeitpunkt beginnt man intuitiv zu sprechen, d.h. man folgt den Impulsen, die aus der Gottheit kommen. Dies ist so ähnlich wie beim Improvisieren von Musik oder Tanz, wie beim automatischen Schreiben oder wie bei dem Erleben der Bilder und Gespräche auf einer Traumreise.

Diese Methode wird „Invokation", d.h. „Hereinrufen" genannt. Sie ist bei den Mystikern fast aller Religionen weit verbreitet. So identifizieren sich z.B. die Berserker mit einem Bären und die Ulfhedinn mit einem Wolf, die Jesuiten-Mönche mit Christus und die tibetischen Mönche mit Buddha. Die Methoden variieren ein wenig, aber im Wesentlichen sind sie stets dieselbe.

Ab dieser Stufe läßt sich der weitere Weg der Begegnung mit der Gottheit nicht mehr vorhersehen oder generell beschreiben, da er ab hier vollkommen individuell wird.

Apfelgarten-Visionen

Als ich noch in den Kindergarten gegangen bin, habe ich oft auf meinem Kinderbett gelegen, die Augen geschlossen und bin in meiner Vorstellung in den dunklen Nachthimmel emporgeschwebt. Dort oben zwischen den Sternen habe ich dann eine große Wiese voller Apfelbäume gefunden. Wenn ich dort angekommen war, war alles gut ...

Dieses Bild habe ich auch in nächtlichen Träumen gehabt.

Lange Zeit habe ich das lediglich für einen rein persönlichen Tagtraum gehalten, aber seit ich inzwischen von mehreren Kindern gehört habe, daß sie ganz genau denselben Traum wach am Tag und schlafend in der Nacht haben, scheint mir, daß das alte Bild von dem Apfelbaum-Jenseits offenbar noch immer sehr lebendig ist und daß Idun manchmal Kinder zu sich in diesen Garten einlädt ...

VIII   Traumreise zu Idun

Der folgende Text klingt beim Lesen recht fließend, aber während der Reise gibt es immer wieder kleine und größere Pausen, in denen man lauscht und schaut und wartet. Daher sind diese Traumreisen in Wirklichkeit immer sehr viel länger als es der Traumreisende selber empfindet und auch länger als die Beschreibung der Traumreise es vermuten läßt.

In dem folgenden Text sind nur die besonderes langen Pausen angegeben.

Die Traumreise hat eine Dreiviertelstunde gedauert.

Die Texte, die in Klammern stehen, sind nachträgliche Kommentare von mir.

Ich entspanne mich.

„Idun, ich möchte zu Dir reisen. Kannst Du mir zeigen, wo ich hin muß?"

„Komm!"

Ich gehe innerlich einfach mal los. Ich sehe eigentlich noch fast garnichts.

Es ist irgendwie fester Boden, große Steinplatten, jedenfalls Platten.

Jetzt sehe ich links auch Wiese … und Wald, aber der ist komischerweise ganz weit unten … als wenn ich oben auf einer Brücke gehen würde – die verwandelt sich … Ich bin auf Bifröst … Ach, so was!

Gut, ich gehe weiter auf dem Regenbogen.

(Das dauert eine Weile.)

Großer Seufzer …

Ich komme oben an; da steht Heimdall (den ich von früheren Traumreisen schon kenne).

„Darf ich eintreten?"

„Du willst zu Idun?"

„Ja."

„Geh' nach dort hinten so halbrechts weiter. Da, wo die paar Bäume stehen."

„War da nicht bei einer früheren Traumreise Freya?"

„Geh' da hin."

„O.k. Danke, Heimdall!"

(Bedeutet das, daß Freya und Idun dieselbe Göttin sind?)

Die Stelle sieht ein bißchen anderes aus als ich sie in Erinnerung habe. Da stehen Bäume – ich weiß nicht, so ein halbes Dutzend … Die Stämme haben so 30, 40cm Durchmesser, stehen relativ nah beieinander, Laubbäume … ich weiß aber nicht so recht, welche … sieht ein bißchen aus wie Buchenblätter, aber fühlt sich nicht an wie Buche …

Die stehen nebeneinander; davor ist ein ziemlich steiler Hang – so drei, vier Meter fast gerade runter; da oben drauf stehen die.

Dieser Hang ist ein bißchen gebogen – wie ein Viertelkreis in einen Hügel hinein, auf dem oben in der Mitte diese Bäume stehen.

Davor ist ein Thron, also so ein hölzerner Hochsitz.

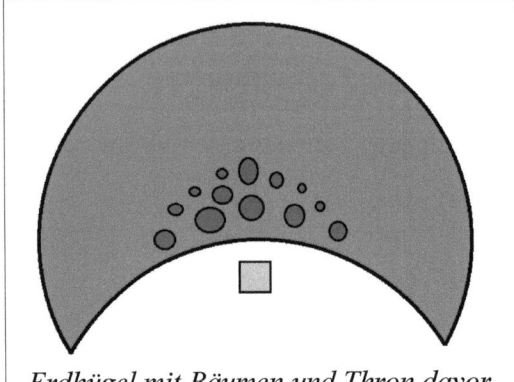

Erdhügel mit Bäumen und Thron davor

(Das sieht ungefähr so aus wie ein Hügelgrab, aus dem man ein Viertel herausgenommen hat, wobei dieser herausgenommene Teil innen rund ist – siehe die Skizze links.

Die Bäume stehen oben in der Mitte nah am Hang, also oberhalb des Hochsitzes.)

Und … jetzt habe ich erwartet, daß Idun da sitzt, aber ich sehe noch niemanden.

„Ich soll mich da hinsetzen?"

Ich spüre ein „Ja."

„Ja, gut."

Großer Seufzer …

Ich setze mich da hin.

Ich sehe, daß die Sitzfläche aus Leder ist, also ein dunkelbraunes, leicht glänzendes Stück Leder auf Holz. Der Sitz ist beschnitzt.

Ich lege meine Arme auf die Lehnen; da ist auch jeweils ein Stück Leder drauf – die Armlehnen sind auch beschnitzt.

Dieser Sitz scheint für jemanden gemacht zu sein, der ein gutes Stück größer ist als ich. (Und ich bin wirklich nicht klein …)

Großer Seufzer …

Ich merke, wie ich mich entspanne, wenn ich da drauf sitze. Vor allem mein Gesicht entspannt sich. Ich lehne mich an und schaue …

Das dauert eine Weile …

„Ich möchte zu Idun."

Ich warte …

Eine Stimme sagt: „Bleib sitzen!"

Gut, dann tue ich das jetzt mal.

Eine längere Pause …

Ich habe auf einmal einen Apfel vor meinem Mund; der ist ziemlich rot, mehr als faustdick, ein gutes Stück mehr als faustdick, eine rauhe Schale – und ich soll den essen.

Ich habe den Apfel jetzt in meiner rechten Hand, in beiden Händen; und ich beiße ein Stück ab. Er ist recht fest, leicht mehlig, säuerlich; ja, auch aromatisch, aber nicht viel …

Ich spüre in mich hinein …

Großer Seufzer …

Als ich das, was ich abgebissen habe, runtergeschluckt habe, habe ich ein Gefühl bekommen … so ein bißchen wie in die Tiefe sinken oder wie einschlafen. Hm, ich muß an den Schneewittchen-Schlaf denken.

(Ist das jetzt der Hel-Apfel?)

Ich warte eine Weile …

Das Bild verschwindet irgendwie … ich sinke nach hinten unten …

(Das ist symbolisch die Richtung in die Vergangenheit und in die Unterwelt.)

Hier folgt die bisher längste Pause, in der nichts geschieht und in der ich nur durch Dunkelheit sinke …

Es ist dunkel und deutlich kühler.

Da ist ein Fluß … das ist der Gjallar, der Jenseitsfluß.

Ich spüre einen Druck hinten an meiner Schädelbasis.

Der Fluß fließt von rechts nach links, von Norden nach Süden. (Ich stehe also an seinem Ostufer.) Das bedeutet, daß ich schon auf der Jenseitsseite des Gjallar-Flusses bin. (Das paßt zum Sinken nach hinten und unten, das eine Reise ins Jenseits ist.)

Da hinter mir, flußabwärts, sehe ich die Gjallar-Brücke.

Das bedeutet, daß ich jetzt weiter flußaufwärts (nach rechts) gehen muß, um zur Hel-Halle zu kommen – zumindestens den Beschreibungen in den Mythen zufolge.

„Idun?"

Ich höre wieder die Stimme. Sie sagt: „Gehe weiter."

Ich weiß garnicht, ob das eine Männer- oder eine Frauenstimme ist – das ist einfach eine Stimme.

Gut, ich gehe weiter.

Jetzt fühle ich mich auf einmal wie bei „Goldmarie und Pechmarie", die in den Brunnen gefallen sind und dann da unten laufen und zu dem Apfelbaum und zu den Broten in dem Ofen kommen.

(Dieser Apfelbaum in der Unterwelt ist recht sicher auch Iduns Apfelbaum.)

Die Stimme sagt: „Genau zu dem Apfelbaum sollst Du gehen."

„Ja, gut."

Ich laufe …

Da bin ich jetzt auf der Wiese mit dem Apfelbaum.

Eine längere Pause …

Großer Seufzer ...

Irgendwas ist hier ... ne, nicht anstrengend, aber irgendwas macht hier was gründlich mit mir, daß ich so heftig stöhnen oder seufzen muß ...

Ich wollte mich mit meinem Rücken an diesen Baum anlehnen, aber ich merke, daß das noch zu anstrengend ist ... Ich lege mich gleich vor den Baum auf die Wiese ... so seitlich und zusammengerollt, so in Embryo-Haltung.

Ein ganz tiefer Seufzer und dann eine lange Pause, in der ich nur daliege ...

Gähnen, Seufzer ...

Ich habe gerade noch einmal wie im Schnelldurchgang die Zeit von kurz nach meiner Geburt bis zu meiner Zeugung zurück erlebt, an die ich mich erinnern kann – zum Teil durch Traumreisen.

Ich bin aber jetzt wieder hier unter diesem Baum. Ich bin irgendwie unruhig, als wenn ich irgendetwas tun müßte.

„Idun, warum zeigst Du Dich nicht oder warum kann ich Dich nicht sehen?"

„Du bist noch nicht da."

„Pff ... wo muß ich denn hingehen?"

„In Dich."

„In mich?"

„Auf eine bestimmte Art?"

„Spür Dein Herz, den Apfel Deiner Brust."

Großer Seufzer und längere Pause ...

Ich spüre in mein Herzchakra und sofort merke ich, wie ich wieder etwas loslasse.

Sehr lange Pause, in der ich nur in mein Herzchakra hineinspüre ...

Die Stimme sagt: „Du kommst langsam näher."

Lange Pause, in der ich weiterspüre ...

Ich merke, wie ich Anstrengung loslasse. Dabei merke ich, wieviel Anstrengung ich in mir habe ... um Dinge zu retten, Dinge zu erhalten ... vor allem Begegnungen mit Menschen ...

Pause, Seufzer ...

Die Stimme sagt mir ohne Worte, daß ich all diese Menschen loslassen soll.

„Die soll ich alle loslassen?"

„Du änderst nichts dadurch, daß Du sie festhältst."

Pause ... Warten ...

Das ist, als würde ich in einem Graben liegen und als würde ich über den Rand des Grabens hinweg einen Obstgarten sehen.

Lauter Seufzer ... Pause ...

Da ist auf einmal ein Wolf bei mir, aber das ist nicht mein Krafttier, meine Wölfin. Dieser Wolf hat so ein flauschiges Fell ... das ist komisch. Sehr flauschig ... „Angora-Wolle" ... aber grau ...

Sehr tiefer Seufzer ...

Ich lege mich wieder hin in den Graben. Der Wolf legt sich neben mich. Ich lege meinen Arm um dessen Hals und er legt seinen Kopf auf meinen Arm.

„Wer bist Du denn?"

„Idun."

„Idun?"

„Idun."

„Warum kommst Du als Wolf? ... Also als Wölfin?"

Tiefer Seufzer ...

(Ich muß wohl auf dieser Reise sehr viel loslassen, daß ich so viel seufzen muß ...)

„Das war gerade die einzige Weise, auf die ich zu Dir kommen konnte. Weil Du eine Wölfin als Krafttier hast ..."

„Also Idun, wirklich verstehen tue ich das nicht ..."

„Das braucht Du auch nicht."

Ich liege da neben Idun in dem Graben und warte.

Ich merke, wie ich mich selber in meine Wölfin verwandle.

Idun sagt: „Endlich!"

Pause ...

Idun: „Komm mit!"

Ich erhebe mich. Ich merke, daß meine Stimme wieder viel voller wird. Meist ist die relativ hoch und sanft. Jetzt wird sie auf einmal wieder zu diesem tiefen Baß (den ich sehr mag).

Seufzer ...

Ich erhebe mich, gehe neben der Idun-Wölfin her, aus dem Graben raus ... Sie rennt durch diesen Apfelbaum-Obstgarten.

Mir fällt ein, daß Merlin mit einem alten, weißen Wolf in solch einem Apfelgarten war. Ich spüre wie ein Schmunzeln von Idun, während ich daran denke.

Ich renne mit ihr mit.

Seufzer ...

So langsam kann ich meine Kraft spüren ...

Pause ...

Sie schnappt spielerisch mit ihrem Maul nach mit und ich schnappe zurück.

Wir rennen weiter und ich spüre so langsam meine Kraft.

Noch ein Seufzer ...

Es geht hier irgendwohin und ich weiß, glaube ich, auch schon, wohin ...

Es geht den Berg hoch, lichter Laubwald, relativ junge Bäume, höchstens 15cm dicke Stämme, vielleicht mal 20cm ... Buchen, Birken, Ebereschen ...

Ja, tatsächlich, das ist der Hügel, den ich aus den keltischen Mythen kenne, auf dem Merlin seine Einweihungs-Jenseitsreise gemacht hat, auf dem die Quelle ist und auf dem dann schließlich der Barde kam, der Merlin gesucht hat und der dann, als er ihn gefunden hat (nach seiner Rückkehr aus dem Jenseits) erst ganz sanft Harfe gespielt

hat und dann ganz sanft gesungen hat – von Merlins Schwester und von Merlins Frau.
„Hier bringst Du mich hin, Idun?"
„Ja."
Ich schaue mich an diesem Ort um und wundere mich.
Idun: „Trink' von dem Wasser der Quelle!"
Ich beuge mich nieder … Ich habe kurz überlegt, ob ich jetzt schlecken muß, so wie das ein Wolf tut, aber ich stecke meine Schnauze in das Wasser und sauge das Wasser, so wie das ein Menschen macht.
Pause und noch einmal ein tiefer Seufzer …
Das tut gut zu trinken … das Wasser erfüllt mich …
Mir fällt vor allem auf, das Anstrengung aus meinem Hals rausgeht, daß ich meine ganze Halsmuskulatur lockerlasse. Das passiert, seitdem ich mich in die Wölfin verwandelt habe.
Da sehe ich, daß sich Idun von einer Wölfin in eine Frau verwandelt hat.
Seufzer …
Ich merke, daß ich mich auch verwandele – wieder in einen Menschen.
Ich bin viel jünger, deutlich jünger; ich bin nicht mehr sechzig, ich bin … ich weiß nicht … achtzehn, zwanzig, irgendwie so was …
Idun steckt ihre Arme aus … ich umarme sie …
Ich spüre sie in meinen Armen …
Jetzt küßt sie mich …
Sie läßt ihr Gewand runtergleiten …
Hm …
Sie sagt: „Komm!"
Wir stehen sehr lange Zeit und umarmen uns und spüren uns und liebkosen uns.
Wir vereinen uns. Die Details behalte ich jetzt mal für mich …
Sie lächelt mich an.
Sie sagt mir innerlich-wortlos: „Das ist doch schön, nicht wahr?"
„Ja, das ist es."
„Bist Du bereit, das wieder in Dein Leben zu lassen? Möchtest Du das haben?"
Ich antworte zögernd: „Ja … ich nehme an, daß das nicht ganz ohne Verwandlungen geht?"
Sie lacht … und sagt: „Ja das stimmt."
Seufzer …
„O.k. … Ich glaube, Du weißt besser, was gut ist für mich, als ich das selber weiß. Kann das sein?"
„Ich sehe mehr als Du."
„Und siehst Du, was meine Seele für dieses Leben vorhat?"
„Ja."
„Und ist das, was Du für mich tun kannst, und meine Verwandlungen im Einklang

mit dem, was meine Seele will?"

Sie lacht liebevoll und sagt: „Ja, klar; das kann garnicht anders sein."

Lange Pause, in der ich immer wieder schmunzeln und leise lachen muß …

Ich habe jetzt vor ihr gestanden und habe jetzt wieder den Impuls, mich zusammen mit ihr hinzulegen, also neben ihr zu liegen, sie zu halten …

Das tun wir und spüren uns …

Tiefer Seufzer …

Ich merke, wie ich immer mehr loslasse – vor allem die Anstrengung in meinem Nacken, also das untere, hintere Ende des Halses. In den Muskeln, die hinten bis hinunter zwischen die Schulterblätter gehen – in denen ist Anstrengung gewesen; die Anstrengung, den Kopf oben zu halten …

Längere Pause …

Noch ein tiefer Seufzer …

Was ist das denn? Idun hält auf einmal Weintrauben in der Hand und reicht mir Weintrauben zum Essen, also … Sie pflückt eine einzelne ab und steckt sie mir in den Mund … grüne Weintrauben … ausgesprochen lecker …

Sie sieht mein verdutztes Gesicht und amüsiert sich köstlich und lacht …

Idun: „Genießen …"

Jetzt muß ich auch lachen, ja …

Ich habe den Impuls, ihr auch etwas zu geben. Ich dachte an getrocknete Feigen, aber das paßt nicht zu Idun.

Ich muß leise lachen …

Ich habe nachgespürt, was paßt, und bin letztlich darauf gekommen: ein Trinkhorn mit frisch gepreßtem Apfelsaft … ich finde das zwar ein bißchen verrückt, aber sie lacht und nimmt es und trinkt es.

Ich wollte sagen „Und nun?", doch bevor ich es aussprechen konnte, hat sie schon geantwortet „Und warum denn jetzt: 'Und nun?'"

Da habe ich gemerkt, daß es reicht, da zu sein, wo ich bin.

Da muß jetzt nicht noch irgendetwas passieren, da muß jetzt nicht Merlin kommen oder der Harfner oder Frau Holle oder irgendwas.

Ich liege hier auf dieser Waldlichtung neben der Quelle, auf dem Gras, das warm und weich ist, neben Idun …

„Hm …"

Sie hat mir jetzt eben noch ein paar Dinge erzählt, die ich aber erst einmal für mich behalten möchte.

Idun lacht liebevoll darüber. Sie ist der Meinung, daß ich das ruhig sagen kann.

Pause …

Ich weiß es aber noch nicht. Mal gucken …

Pause …

Ich merke, wie sich die Qualität, die hier gerade ist, sich … irgendwie … in mein

Leben hinein ausbreitet.

Ich spüre dem eine Weile nach …

„Bleiben wir beide jetzt miteinander verbunden, Idun?"

„Wenn Du möchtest …"

„Ich will, ja. Das ist schön so."

„Schau, es war doch gar nicht so schwer zu sagen. Es paßt …"

„Ja, jetzt schon; eben hätte ich es noch nicht sagen können. … Das heißt, so wie es jetzt ist – das bleibt einfach so. Und wenn ich zurückkehre von dieser Reise, bleibt es auch so."

„Ja …"

Ich muß leise lachen und genieße das, wie es ist … „Hmmmm …"

„Es gibt Dinge, Idun … Ich wußte nicht, daß man eine Göttin lieben kann … Davon habe ich noch nie gehört."

„Hast Du noch nie von Liebe zu Gott gehört? Oder von Liebe zu Christus? Oder zu Allah?"

Ich muß wieder leise lachen …

„O.k., Du hast recht. Ich habe es außer zu meinem Schutzgott Osiris noch nie so direkt empfunden wie jetzt bei Dir."

Ich spüre, was ist …

„Das ist schön, Idun, das ist wirklich schön …"

„Du ahnst das schon lange, nicht wahr?"

„Ja, stimmt. Wenn ich Bilder von Dir gesehen habe, habe ich immer gemerkt: Da ist was. Ich wußte aber nicht, was …"

Ich muß immer wieder vor lauter Freude leise vor mich hin lachen.

„Das ist einfach schön, Idun!"

Kleine Pause …

„Ich werde jetzt zurückkehren, Idun. Oder gibt es noch etwas, was hier jetzt hingehört oder was bereichernd wäre?"

„Hier gibt es noch viel zu entdecken – die Haselsträucher zum Beispiel, die hier stehen … deren Nüsse hier in die Quelle fallen. Die Nüsse des Dagda – die kennst Du ja, nicht wahr? Die sind eigentlich die Nüsse der Göttin."

„Ja, das … ja, das fühlt sich so an, ja."

„Soll ich mal eine davon essen?"

„Wenn Du magst …"

Ich knacke die Schale mit meinen Zähnen auf – was ich in echt, glaube ich, lieber sein lassen sollte … Ich löse die Schale von der Nuß …

Dann beiße ich sie in zwei Hälften … gebe die eine Hälfte der Idun, die lacht und sie annimmt und ißt – sie hat sie hochgeworfen und mit dem Mund aufgeschnappt. Ich staune nur noch …

Ich esse meine Haselnuß.

Eigentlich kann ich die garnicht kauen …
Ich spüre dem nach …
Sie ist irgendwie wie mattes, festes Licht und ein bißchen wie Gummi … schon komisch … eine merkwürdige Konsistenz …
„Idun, muß ich irgendetwas tun?"
„Warten."
„Ja, gut …"
Ich warte …
Ich recke und strecke mich innerlich.
Die Nuß dehnt sich auf einmal aus; sie wird ganz lang und dünn; sie wird ein Haselstab und der Haselstab wird mein Rückgrat. Und auf einmal kann ich meinen Kopf wieder heben – der ist überhaupt nicht mehr schwer … (Ich habe ihn während des größten Teils der Reise hängen lassen.)
Es ist, als wenn ich jetzt einen Haselnuß-Ast in mir hätte.
Ich gähne ganz entspannt …
Das ist angenehm …
Das macht aufrecht …
Ich muß wieder leise vor mich hinlachen …
„Danke, Idun!"
„So, mein Lieber, jetzt ist es Zeit, zurückzukehren."
Ich schmunzle vor mich hin …
„Ich dachte immer, man müßte ganz ehrfürchtig mit Göttern und Göttinnen sprechen, so … ja … mit gehobener Sprache … aber eigentlich kann man ganz direkt und schlicht mit euch reden."
Idun lacht und sagt: „Warum auch nicht? Wir verstehen jede Sprache. Und wir hören auf das, was das Herz sagt, und nicht darauf, welche Worte der Mund dazu formt."
„Ja … das versuche ich auch immer …"
Ich muß schon wieder vor lauter Freude lachen.
„Danke, Idun! Bis bald!"
„Bis bald, mein Lieber!"
Wir umarmen uns und sie gibt mir noch einen Kuß …
Ich gehe zum Rand der Lichtung, drehe mich noch einmal um und winke ihr zu – sie winkt zurück.
Und dann wünsche ich mich einfach zurück.
„Ho!"

Mir fällt auf, daß ich Idun gar nicht gefragt habe, warum auf dieser Traumreise auch keltische Bilder aufgetaucht sind …

IX Hymnen an Idun

Diese Hymnen sind keine traditionellen, überlieferten Lieder, sondern eigene Dichtungen. Sie dienen zum einen dazu, alle Informationen über die Göttin Idun zusammenzufassen, und zum anderen sind sie Schilderungen von Entwicklungen und von einzelnen Themen in den Mythen der Idun.

Schließlich können diese Lieder auch für Anrufungen der Idun verwendet werden. Dabei sollte man keine Hemmungen haben, diese Strophen umzudichten, umzustellen, zu kürzen, zu ergänzen oder in sonst einer Weise weiterzubearbeiten – wenn sie dem einen oder anderen helfen, die Göttin Idun anzurufen, haben sie ihren Zweck erfüllt.

Gebet an Idun

Diese Anrufung enthält drei Elemente aus Dichtungsformen, die im Hattatal in der Edda beschrieben werden:

- den Endreim aus dem „drottkväd med dunhenda" (Herrscher-Lied mit 'Echo-Reim');

- den Stabreim auf dem ersten und zweiten Wort der ungeraden Zeile und auf dem ersten Wort der folgenden Zeile aus dem „drottkväd – tviskelft" (Herrscher-Lied in der „zweifach geschüttelten Form") und aus dem „drottkväd – Fleim" (Herrscher-Lied des Skalden Fleim);

- den inhaltlichen und grammatischen Reim, d.h. der Wiederholung der Aussage und des Aufbaus eines Satzes aus dem „galdrlag" (Zaubergesang-Strophenform), der die angemessene lyrische Form für ein Gebet an eine Gottheit ist.

Zusätzlich dazu sind die beiden stabreimenden Worte am Anfang der ungeraden Zeilen stets eine Kenning für „Idun".

Von denen Germanen wurden alle Vokale als miteinander stabreimend angesehen.

Die Verse sind fast alle im Jambus (betonte Silbe – unbetonte Silbe) und nur einmal im im Trochäus (unbetonte Silbe – betonte Silbe) verfaßt. In den Versen wechseln sich also betonte und unbetonte Silben regelmäßig miteinander ab. Dies ist zwar kein Element, daß die Germanen systematisch angewandt haben, aber es kommt den heutigen Lyrik-Hörgewohnheiten im Deutschen entgegen.

Das Ziel all dieser formalen Regeln ist es, die Verse beim Sprechen „zum Schwingen zu bringen" und sie dadurch wirksamer zu machen. Diese verschiedenen Formen des Reimes haben den Zweck, das gesprochene Wort wie Gesang klingen zu lassen. Die alten Ägypter nannten so etwas „gut singbare Zaubersprüche".

Bragi-Braut, gib ' meinem Garten Hülle,
bring den Blüten meiner Bäume Fülle!
Gimle-Göttin, bring den Hainen Kraft,
gib' den Zweigen meiner Bäume Saft!

Freude-Frau, laß' meine Äpfel alle reifen,
Frucht mit roten und mit gelben Streifen!
Hasel-Huldar, laß' die Nüsse sprießen hier im Tale,
hoher Strauch und Kern in brauner Schale!

Garten-Göttin, füll' die Pflanzen-Sonnen in die Trage,
gib mir diese süße Freude alle meine Tage!
Geirröd-Geliebte, füll' mit Äpfeln meine Tonne,
und gewähr mit alle Zeiten diese Wonne!

Eschen-Asin, schenk' uns Leben ein durch Deinen Met,
erfüll' uns alle, jung und alt, und früh und spät!
Nüsse-Nanna, gib uns allen Fülle durch der Äpfel Saft,
nimm uns nun die Ängste, gibt uns Lust und Kraft!

Bragi-Braut = Idun ist die Frau des Dichtergottes Bragi.
Gimle-Göttin = Idun ist die Geliebte des Tyr, dessen Halle „Gimle" heißt.
Freude-Frau = Idun erfreut die Asen dadurch, daß sie mit ihren Äpfeln deren Jugend erhält.
Hasel-Huldar = Huldar ist eine Göttin; Hasel-Huldar ist Idun.
Garten-Göttin = die Apfelgöttin Idun
Pflanzen-Sonnen = Die Sonne ist ein runder Gegenstand; runde Gegenstände an Pflanzen sind Äpfel.
süße Freude = Äpfel
Geirröd-Geliebte = Geirröd ist einer der vielen Namen des Tyr in der Unterwelt; seine Geliebte ist Idun.
Eschen-Asin = Idun an der Weltesche
Nüsse-Nanna = Nanna ist eine Muttergöttin; Nüsse-Nanna ist Idun.

Idun und Bragi

In diesem Lied kehren Idun und Bragi Schritt für Schritt durch die vielen Verwandlungen ihrer Mythen im Laufe der Jahrtausende zu ihrem Ursprung zurück.

Idun:
„Ich trinke den Trank der Erinnerungen;
treuer Bragi, ich reiche ihn Dir;
Hier sind Äpfel und auch Nüsse,
alle sind meine Gaben für Dich!"

Bragi:
„Ich selber, Odins Sohn, der Skalden Helfer,
siehe, ich gedenke ferner Zeiten,
als ich die Formen der Verse fand,
Vielfalt, Fülle, Reime, Kenningar ..."

Idun:
„Einst raubte mich Thiazi, dieser Thurse,
trug mich nach Utgard fern in seine Höhle;
Loki flog als Falke zu dem zweiten Raub:
fort nahm er mich dem Riesenkönig."

Bragi:
„In fernen Zeiten, da fügte ich Verse,
fing Mythen und Sagen in Worten ein;
schlichte Strophen, lange Lieder,
schulte Skalden in der Kunst des Tyr."

Idun:
„Einst bin ich Iwaldis Tochter gewesen,
die einzige Schwester der beiden Alcis;
Thiazi und Idi und Gangr waren mit vertraut:
treu waren sie mir, ihrer Schwester."

Bragi:
„Der Skalden-Priester Gott bin ich gewesen,
gab Geist den Dichtern, den Schamanen;
Diar nannte man mich damals,
und die Skalden-Goden ebenso."

Idun:
„Tyrs Geliebte, Thiazis Mutter –
tatsächlich: Das bin ich gewesen.
Ich stillte Baugi an meiner Brust,
bot ihm meine Äpfel und Nüsse an."

Bragi:
„Lange ist's her, lang ist's vergangen,
leicht formte ich damals Runen,
gab ihnen Namen, gab ihnen Bilder,
gebot ihnen, Worte zu formen, Zauber zu wirken."

Idun:
„Die Sonne war damals mein strahlender Sohn,
scheinend und hell hob er sich am Himmel;
Das goldenen Tor hab ich ihm geöffnet,
geführt habe ich ihn zu jedem Tag."

Bragi:
„Ich war die Weisheit des Schwertgotts,
Wut konnte ich lenken, konnte ich stillen;
Weise Worte habe ich in den Vater des Asen gelegt,
wenn ich dann in Tyr, in Allwalter geleuchtet habe."

Idun:
„Gestern war es nicht, gar lang ist es her:
Geiergöttin bin ich gewesen, die Mutter von allen;
Seelenvögel gebar ich, sorgte für die Toten,
schützte die Menschen auch im Leben."

Bragi:
„Ich bin Dein Sohn gewesen, die Sonne,
der Seele Urbild in allen, im Mann, in der Frau;
Das Leuchten, das Licht in den Herzen,
geleitet habe ich der Menschen Kinder."

Idun:
„Eine runde Hütte aus Fellen, aus Holz,
Heimat der Jäger, Bauch der Mutter;
Steine glühen, Menschen singen im Kreis,
sie kehren alle zu mir zurück."

Bragi:
„Bragi bin ich, Göttervater bin ich gewesen,
Größter war ich: der Urmensch, der Riese;
Der Erste war ich, der einzige bin ich gewesen,
Einst entstand ich vor langen Zeiten."

Idun:
„Ich war das weite und mächtige Meer,
war die Mutter aller Wesen und Dinge;
Der Schoß aller Geschöpfe in Midgard:
schon bald war die Welt von Vielfalt bevölkert."

Bragi:
„Die erste Insel, das erste Land,
einst erhob es sich aus tiefen Fluten:
Der erste der Riesen, gewaltig und groß,
Ganz Midgard war damals mein Leib!"

Idun:
„Ich bin die Mutter all dieser Menschen,
mir ist alles entsprungen: meiner Geburt;
Ich habe alle gestillt und gehütet,
Gefahren gebannt, mit Liebe umhüllt."

Bragi:
"Ich bin das Kind, das noch keinen Tag sah,
klein bin ich, winzig, in Deinem Bauch;
dort wachse ich, ruhe ich, wandle ich mich,
wenn die Zeit naht, komm' ich heraus."

Idun:
"Geborgenheit gebe ich, Wärme und Fülle,
gern schenke ich allen meine Liebe;
daß sie selber eine Sonne werden können,
strahlend durch ihr ganzes Leben gehen."

Bragi:
"Ich ruhe in Dir, ich trinke von Dir,
Deine Arme halten mich am Anfang des Lebens;
Aus Dir bin ich gewachsen, geworden,
wärmend begleitest Du mich auf allen Wegen."

Idun:
"Das ist die große Gabe des Erinnerungs-Trankes,
das Geschenk des Mets, des Apfels, des Hasels;
Nehmt sie, ihr alle – niemand soll ohne sie sein,
niemals im Mangel: Leuchtet in Fülle!"

Erinnerungs-Trank = Met oder Ale, der im Gedenken an die Toten getrunken wurde
Odins Sohn = Bragi wurde in der späten Zeit als Odins Sohn angesehen. In dieser Zeit wurden auch die komplexen Formen der nordgermanischen Dichtung entwickelt.
Thurse = Riese; Thiazi (Tyr) ist der König der Riesen
Utgard = Jenseits, Reich der Riesen
Riesenkönig = Thiazi (Tyr)
schlichte Strophen = Bis ca. 800 n.Chr. dichteten die Skalden oft lange Lieder mit einfachem Stabreim und mit nur wenigen Kenningarn. Damals war die Dichtkunst bei den Nordgermanen vermutlich eine Gabe des Tyr.
Skalden-Priester = Ursprünglich hat es keine Unterscheidung zwischen den Dichtern und den Priestern gegeben.
Gode = Priester, Anführer
Tyr, Thiazi = „Thiazi" ist nur eine andere Aussprache des Namens „Tyr".
Baugi = „Ring", Name eines Tyr-Riesen
goldenes Tor = Himmelstor am östlichen Horizont, durch das die Sonne tritt, wenn

sie des Morgens aufgeht und dann am Himmel aufsteigt.

Schwertgott = Tyr
Vater der Asen = Tyr
Allwalter = „Allherrscher" = Tyr
Geiergöttin = In Göbekli Tepe (10.500-9.000 v.Chr.), in Çatal Höyük (7.000 v.Chr.) und in Ägypten (3000 v.Chr. – 600 n.Chr.) hat die Muttergöttin die Gestalt eines Geiers gehabt. Bei den Indogermanen ist daraus der Schwan (z.B. Walküren) geworden.
runde Hütte = Schwitzhütte

Anrufung der Idun

Der Aufbau der Strophen dieser Anrufung der Idun ändert sich entsprechend der Phase der Anrufung. Es sind vier Dreiergruppen von Strophen sowie eine Schlußstrophe.

In dieser Anrufung wird ausgiebig von der der Möglichkeit, Kenningar für eine Gottheit dadurch zu bilden, daß man dem Namen einer anderen Gottheit oder eines anderen Wesens eine Eigenschaft oder ein Merkmal der gemeinten Gottheit hinzufügt. So ist z.B. „Brisingamen-Blidur" nicht die Göttin Blidur, sondern die Göttin Freya, da sie die Besitzerin des goldenen Halsreifs Brisingamen ist.

Die Hasel-Huldar trägt ein langes Gewand,
Die Höhlen-Herrin hält einen Stab in der Hand;
Die Wein-Wächterin Schultern sind von einem Wolfsfell bedeckt,
Die Weltenbaum-Wanin hält die Äpfel, mit denen sie Tote erweckt.

Die Garten-Göttin ist mit einem Gürtel geschmückt.
Die Grimir-Gefährtin hat eine Fülle an Nüssen gepflückt;
Die Midgard-Mächtige füllt mit Met das lange Horn,
Die Met-Maid bringt die Gabe aus des Mimir Born.

Der Seherinnen-Sif Hals schmückt ein goldener Ring,
Der Streit-Stillerin Reif ist ein wunderbar Ding;
Die Wolfsfell-Walküre steht vor dem Weltenbaum,
Die Wunder-Vardrun blickt durch den Himmelsraum.

Tyr-Thrudr, Du pflegst den Apfelbaum,
Thron-Thora, Du pflückst die Haselnüsse;
Ale-Asin, Du verjüngst alle alten Regin,
Apfel-Alfin, Du erquickst all die grauen Rögnir.

Geirröd-Geliebte, Du gibst dem Bragi den Met,
Gimle-Göttin, Du gewährst den Menschen das Leben;
Halsreif-Halterin, Du bist die Hüterin der Hügel,
Hel-Herrin, Du kommst zu den Toten ins Grab.

Taschen-Trägerin, Du wurdest von Thiazi entführt,
Tyr-Treue, Du wurdest von Loki geraubt;
Süden-Schöne, Du reichst den Sehern den Stab,
Sanftmut-Sif, Du gibst den Göttern die Jugend.

Ich bin die Bragi-Braut, ich bringe Leben,
Ich bin die Blidur der Bäume, ich wecke die Sonne!
Ich bin die Freude-Frau, die das Leben feiern läßt,
Ich bin die Friedens-Frigg, die die Feuer entfacht!

Ich bin die Nüsse-Nanna, ich stille Hunger, ich stille den Durst,
Ich bin die Nahrungs-Norne, ich bringe Brote, ich bringe Ale!
Ich bin die Hasel-Hüterin, ich pflege die Sträucher,
Ich bin die Haltgeber-Helferin, ich verteile die Früchte!

Ich bin die Jenseitstor-Jörd, ich öffne die Pforten,
Ich bin die Verjüngungs-Jorun, ich gebe die Wiedergeburt!
Ich bin die Brücken-Biört, ich überquere den Gjallar,
Ich bin die Berg-Besucherin, ich vereine mich mit den Toten!

Ich öffne das Totentor der Halle der Hel,
Ich weite das Hügeltor der Gräber der Jörd!
Ich reiche die Äpfeln den Raben der Männer,
Ich gebe die Nüsse den Schwänen der Frauen!

Ich steige hinab in das Dunkel,
Ich gehe hinein in die Nacht!
Ich kehre zurück in das Helle,
Ich komme wieder in das Licht!

Ich empfange und gebäre und stille,
Ich nehme und wandle und gebe!
Ich hüte und pflege und nähre,
Ich schütze und jäte und gieße!

Ich bin die Göttin, ich bin das Horn voller Met,
Ich bin der goldene Apfel, ich bin die glänzende Nuß,
Ich bin die Uralte, ich bin die Ewig-Junge,
Ich bin Frigg und ich bin Freya! Ich bin Idun!

Höhlen-Herrin = Die Höhle ist die Grabkammer im Hügelgrab; deren Herrin ist die Jenseitsgöttin.
Wolfsfell = In „Odins Rabenzauber" wird berichtet, daß Idun in der Unterwelt ein Wolfsfell trägt.
Weltenbaum-Wanin = Idun ist keine Wanen-Frau; „Wanin" bezeichnet hier nur allgemein eine Göttin.
Grimnir-Gefährtin = „Grimnir" ist ein Beiname des Odin und bedeutet „Maskenhelm". Dieser Name geht vermutlich auf den Goldhelm des Tyr zurück, deren Geliebte Idun einst gewesen ist.
Midgart-Mächtige = Idun ist in Midgard mächtig, weil sie allen Toten die Wiedergeburt gibt.
Seherinnen-Sif = Idun half auch den Seherinnen; Sif ist die Korngöttin.
Wunder-Vardrun = Das „Wunder", das die Göttin Idun vollbringt, ist die ewige Jugend der Asen; Vardrun ist eine Göttin.
Tyr-Thrudr = Thrudr ist eine Göttin; die Göttin (Frau) des Tyr ist Idun.
Thron-Thora = Thora ist eine Göttin; eine Göttin auf einem Thron ist einen Seherin-Göttin, womit hier Idun gemeint ist.
Geirröd-Geliebte = Geirröd ist ein Name des Tyr in der Unterwelt.
Gimle-Göttin = „Gimle" ist die Halle des Tyr im Jenseits.
Hel-Herrin = Idun ist die Herrin der Unterwelt (Hel), weil die den Toten die Wiedergeburt gibt.
Süden-Schöne = Tyrs Halle liegt im südlichen Himmel; dort trifft er die schöne Idun.
Blidur der Bäume = Blidur ist eine Göttin; Idun ist die Baum-Göttin.
Freude-Frau = die Freude ist die Freude der Asen über ihre ewige Jugend, die sie von Idun erhalten.
Haltgeber-Helferin = Die „Haltgebenden" sind die Götter, die den Menschen Halt geben. Die Helferin der Göttin ist Idun – sie hilft ihnen mit ihren Äpfeln.
Brücke = Jenseitsbrücke
Berg = Hügelgrab
Raben = Seelenvögel
Schwäne = Seelenvögel

X Idun heute

Bei den Germanen gibt ca. ein Dutzend Erdgöttinnen wie Jörd, Skadi und Rindr, aber nur zwei Pflanzengöttinnen: die Getreidegöttin Sif sowie die Apfel- und Haselnußgöttin Idun.

Es liegt daher nahe, Idun bei allen Dingen, die mit Pflanzen zu tun haben, um Hilfe zu bitten. Dabei gehört die Getreideernte zu Sif und die Ernten generell zu Freyr, während Idun die Göttin der Obstbäume ist.

Da die Äpfel der Idun Symbole des Wiederstillens nach der Wiedergeburt sind, ist es naheliegend, Idun auch um Genährtwerden zu bitten, um das Urvertauen, um Geborgenheit. Dies sind die Qualitäten, die das Fundament der Psyche eines jeden Menschen bilden. Dieses Urvertrauen ist auch das kollektive Fundament einer Gemeinschaft.

Während diese Urgeborgenheit das Geschenk von allen Muttergöttinnen ist, ist das Genährtwerden ein spezieller Aspekt der Idun.

Neben diesen allgemeinen Geschenken der Idun gibt es jedoch auch immer die persönliche Begegnung mit ihr, in der man in der Regel die wertvollsten Dinge von ihr erhält und mit ihr erlebt ...

Verzeichnis der Themen

(die Zahl ist die Nummer des Bandes, in dem sich das Thema findet)

1 47	540 47	Alius 32	Aur 55
2 47	700 47	Alraune 45	Aurboda 35
3 47	800 47	Alsvatr 5	Aurgelmir 5
4 47	900 47	Alswid 34	Aurgrimnir 5
5 47	1.200 47	Althiof 7	Aurnir 34
6 47	10.000 47	Alvor 35	Aurvandil 20
7 47	432.000 47	Alwis 7	Aurwang 7
8 47	1+8=9=8+1 47	Alwit 31	Aurwang 48
9 47	**Adler** 40	Ama 35	Austri 32
10 47	Adler auf dem	Amboß 67	Auzon => Kiste
11 47	Weltenbaum 41	Amgerdr 28	Axt 66
12 47	Adler bei der	Ampfer 45	**Bafur** 32
13 47	Einweihung 40	Andad 34	Bakrauf 35
14 47	Adlergestalt:	Andhrimnir 39	Baldrian 45
15 47	- des Franmar 40	Andvari 7	Baldur 9
16 47	- des Hraesvelgr 40	Angantyr 39	Bara 35
17 47	- des Odin 40	Angeyja 35	Bari 6
18 47	- des Thiazi 40	Angrboda 26	Bari 20
20 47	Adler-Traum der	Ann 32	Baugi 5
22 47	Kostbera 40	Annar 20	Bär 43
23 47	Aelrun 31	Arm-Wunde 63	Bärenfell 62
24 47	Affe 44	Arngrim 6	Barke 49
28 47	Agdai 39	Apfel 45	Bärlapp 45
30 47	Ägir 10	Asen 36	Basilikum 45
32 47	Agnar 39	Asgard 52	Beifuß 45
33 47	Ahnen 36	Ask 39	Beinvidr 34
36 47	Ai 32	Aslaug 31	Bekkhild 31
37 47	Aki 6	Asperan 34	Beleidigungs-
40 47	Aki 16	Astralreise 50	Wettstreit 73
41 47	Alban 32	Asvid 6	Beli 5
46 47	Alberich 7	Atem 64	Beowulf 39
48 47	Albewin 7	Atla 35	Bergdis 28
72 47	Alcis 12	Atli 37	Bergelmir 6
80 47	Alf 6	Atward 20	Bergriese 6
90 47	Alf 32	Auchoff 34	Berg-Zwerge 32
99 47	Alfarin 34	Aud 20	Berling 32
100 47	Alfen 36	Auerhahn 40	Bertha 28
120 47	Alfhild 31	Auge 63	Berserker 62
300 47	Alfrigg 32	Augenbraue 63	Bertram 45

Bertramsgarbe 45
Besen => Stab
besonderer Schrei 64
Bestattung 64
Bestla 35
Betonica 45
Beyla 39
Biber 44
Biene 40
Bifröst 49
Bifur 32
Bikki 16
Bil 29
Bild 7
Billing 5
Billing 7
Bilsenkraut 45
Birkhuhn 40
Biört 29
Björgolfr 6
Björgulfr 34
Blain 33
Blapthvari 34
Blasebalg 67
blau 46
Blau-Menschen 36
Blau-Riesen 36
blau-schwarz 46
Blick 63
Blid 29
Blidur 29
Blind 16
Blindheit 63
Blodughadda 35
Blutsbrüder 55
Bödhild 28
Bogen 66
Bömbur 32
Bölthorn 5
Borr 34
Botewart 7
Both 20

Bragi 19
Bragi-Riesin 35
Brak 16
Brana 35
Brandingi 5
braun 46
Brenner 39
Brezel-Ornament 64
Brimir 33
Brisingamen 60
Brokk 32
Brombeere 45
Brücke 49
Bruderkampf 55
Brüngerd 35
Brünhild 31
Bruni 5
Bruni 32
Brünne 66
Brunnen 49
Buri 34
Bryja 35
Bryla 34
Bryngerd 28
Buri (Zwerg) 32
Buseyra 35
Byggvir 39
Byleist 20
Bylgia 35
Comandion 7
Dag 48
Dagfinnr 32
Dain 32
Dalar 32
Dalr 32
Delling 20
Delling 48
Dellingr 32
Delphin 44
Dietwarta 29
Disen 36
Distel 45

Diurnir 7
Dofri 34
Dolgtrasir 32
Donnerrebe 45
Dori 32
Dorn => Schlafdorn 55
Drachen 41
Drachenblut => Drachen
Drachenschiff 55
Drasian 6
Draupnir (Zwerg) 32
dreifarbiger Stein 67
dreiköpfiger Riese 5
drei Riesinnen 35
drei wahre Worte 64
Drifa 35
dritter Bruder 55
Dröfn 35
Drossel 40
Drudgelmir 5
Duf 32
Dufa 35
Dufr 32
Dulin 32
Dumbr 6
Dunneir 32
Durathor 32
Durin 32
Durnir 32
Durnir 34
Düsterwald 49
Dwalin 32
Eber 42
Eberesche 45
Edda (vollständig) 77
Efeu 45
Egdir 5
Egil 39
Ei 40
Eibe 45

Eiche 53
Eicheln 45
Eichhörnchen 44
Eid 68
Eik 28
Eikinskjaldi 32
Eimer 67
Eimgeitir 35
Eimyria 35
Einäugigkeit 63
Einheer 34
Einweihung 50
Eir 29
Eir 31
Eis 52
Eisa 35
Eisen 55
Eisenkraut 45
Eisriesen 34
Eistla 35
Eisurfala 35
Eiymyria 35
Ekstase-Kieger 62
Elch 42
Eldhrimnir 57
Eldir 39
Eldr 34
Elefant 42
Elendshaut => Hel-Haut
Else 35
Erde 52
Embla 28
Embla 39
Ente 40
Erce 20
Erdbeben 55
Erste Ursache 55
Eschenholzkasten => Kiste 57
Esel 42
Estroval 39

136

Eugel 7	Fiölvör 35	Frühlingstagund-	Geitla 35
Eule 40	Fiörgyn 20	nachtgleiche 54	Geitir 35
Eyrgjafa 35	Fiörgyn 23	Fulla 29	gelb 46
Faden 55	Fisch 44	Fullas Haarreif 60	Geliebter der Gefion 6
Fafnir (Zwerg) 32	Fjölverkr 34	Fullafle 34	Gerber-Schaber 67
Fährmann 49	Fjötra 29	Fundin 32	Gerdr 28
Fala 35	Flachs 45	Fuß 63	Geri 43
<u>Falkenkleid:</u>	Flegda 35	Fylgia 50	Gespenst 50
- der Freya 40	Fleur-de-lys 55	Fynir 6	Gestaltwandel =>
- der Frigg 40	Fleggr 34	Fynir 34	Verwandlung
Falke 40	Fliege 40	**Galar** 32	Gesang 68
Fallar 32	Fluch 68	Galarr 34	Gestilja 35
Farbauti 6	Flügel des Wieland 40	Galdr 64	Getreide 45
Farn 45	Flügelschuhe 67	Gallapfel 45	Gewöhnlicher Flachbärlapp 45
Farseti 6	Flugschuhe des Loki 40	Gandalf 32	Geysa 35
Faulheit =>	Fluß 49	Ganglati 34	Gialar 32
Feuersitzen 55	Freya 22	Ganglot 6	Gift 70
Feima 35	frühe Skaldenlieder 78	Gangr 34	Gifur 43
Fenchel 45	Freyr 15	Gangr 33	Gigas 6
Fenja 28	Fried 29	Gans 40	Gilling 6
Fenrir 6	Friedenszauber 6	Gänsefuß 45	Gillings Frau 28
Fenrir 43	Fridr 29	Garm 43	Ginnar 32
Fernhypnose 64	Frigg 21	Gautan 39	Ginnungagap 49
Ferse 63	Folde 20	Gautrek-Saga => Snotra	Gjalp 35
Fessel 66	Fonn 34	Geban 20	Glamr 34
Fessel-Zauber 64	Forat 35	Geburts-Orakel 64	Glatundshundr 43
Feuer 55	Forelle 44	Gefäße 57	Glaumar 34
Feuersitzen 55	Fornjotr 6	Gefion 20	Glaumarr 34
Feuerzauber 64	Forseti 19	Gefion-Geliebter 6	Glaumr 6
Fialar 32	Frägr 32	Gefiun 20	Glenr 48
Fid 32	Franmar 37	Gefjon 20	Glitni 5
Fieberkraut 45	Frar 32	Geist 50	Glöd 35
Fili 32	Freki 43	Geier 40	Gloi 32
Fimafeng 39	Frosti 32	Geirahöd 31	Glück 64
Fimbulwinter 55	Frosti 34	Geiravör 31	Glückstrank 70
Finger 63	Fruchtbarkeit 64	Geirdriful 31	Glumra 35
Finnalf 5	Fuchs 43	Geirönul 31	Glymra 35
Finnar 32	Frauenhaarfarn 45	Geirröd 5	Gna 29
Finnmark-Riese 34	Frühling 54	Geirrota 31	Gneip 35
Fiölkald 34		Geirskögul 31	Gnepja 35
Fiölmor 39		Geitir 6	
Fiölnir 20			

Goi 34
Gold 55
Goldalter 55
Goldemar 7
golden 46
Goldhelm 66
Goldhörner von
Gallehus 57
Göll 31
Golnir 5
Göndul 31
Gorr 34
Görsemi 29
Götter 36
Götterdämmerung 55
Götterkampf 55
Göttermet 69
Götter-Tiere 44
Gottesurteil 64
Gurgelbiß 55
Grab 49
Grani 6
grau 46
Grendel 5
Grendels Mutter 35
Greppur 34
Grer 32
Grid 28
Grid 35
Grim 5
Grim 39
Grima 35
Grimhild 31
Grimling 5
Grimnir 5
Grim Struppig-Wange 79
Grip 35
Gripir 34
Grissa 35
Groa 28
Grottintanna 35

Grotunagard 52
grün 46
Gryla 35
Gudr 31
Gudrun 31
Gudmund 5
Gullnir 5
Gullveig 29
Guma 35
Gundelrebe 45
Gunn 31
Gunnlöd 28
Gunnthinga 31
Gürtel 60
Gusir 6
Gygr 35
Gylfaginning 77
Gyllir 5
Gyllir 34
Gyma 20
Gymir 5
Haarband 60
Haare 63
Habicht 40
Hafle 34
Hafli 5
Hafthi 39
Hagen 16
Hahn 40
Hala 35
Halfdan 39
Halfdan Brana-Ziehsohn 79
Halfdan Eisteinson 79
Hamdir 39
Hamingja 50
Hammer 66
Hand 63
Handschuhe 60
Hanf 45
Hannar 32
Hantel-Symbol 55

Har 32
Härä 35
Hardbeen 6
Hardgreip 35
Hardgreipir 34
Hardverkr 34
Harek Eisenkopf 6
Harfe 57
Harz 45
Hase 44
Hasel 45
Hastingi 34
Hati 5
Hati 43
Hattatal 77
Haudr 20
Haugspori 32
Haym 34
Hecht 44
Hedin 39
Hedin und Högni 79
Hefring 35
Heid 35
Heiddraupnir 5
Heide 49
Heidrek 39
Heidungi 6
Heilige Hochzeit => Wiederzeugung 55
Heiliger Hain = Weltenbaum 52
Heilung 64
Heilziest 45
Heimdall 8
Heimir 39
Heinir 34
Heith 35
Heithdraupnir 5
Hel 26
Helblindi 20
Helgi 39
Helgi Thorisson 79

Hel-Haut 49
Helidi 27
Hellebarde 66
Helreginn 5
Helm 66
Hengikefta 35
Hengiköpt 6
Hengjankapta 35
Hepti 32
Herbst 54
Herbsttagundnachtgleiche 54
Herche 20
Herdentiere 42
Herdentierfell 42
Herfjötur 31
Hergrim Halbtroll 5
Hergunnur 35
Heri 32
Herja 31
Herkir 6
Herkja 35
Hermodr 37
Hertha 28
Hervor => Heidrek
Hervor und Heidrek => Heidrek
Herz 63
Hexe 58
Hianka 31
Hidde 34
Hild 31
Hildolf 5
Hildolf 20
Himingläva 35
Himmel 52
Himmelsrichtungs-Mandala 54
Himmelsträger-Zwerge 32
Hirsch 42
Hjaltrimul 31

Hjortrimul 31	Hraudnir 6	Hymir 6	Jenseitsbarke 49
Hjötra 28	Hraudungr 5	Hymnen an die Götter 80	Jenseitsberge 49
Hjuki 29	Hrede 29		Jenseitsbrücke 49
Hläwang 32	Hreidmar 7	Hyndla 26	Jenseitsfährmann 49
Hlebard 6	Hremsa 35	Hypnose 64	Jenseitsfluß 49
Hleidr 35	Hrimgerdr 28	Hyrrokkin 26	Jenseitsgrenzen-Landkarte 49
Hler 10	Hrimgerdr 35	**Idi** 34	
Hlidolf 32	Hrimgrimnir 34	Idun 25	Jenseitshalle 49
Hlif 29	Hrimnir 34	Igel 44	Jenseitsinsel 49
Hlifthursa 29	Hrim-Riesen 34	Illugi Grid-Ziehsohn 79	Jenseitsleiter 49
Hlin 29	Hrimthurs 34		Jenseitsmauer 49
Hlodyn 20	Hringi 5	Ilmr 29	Jenseitsreise 49
Hlödyn 20	Hringvölnir 5	Ima 35	Jenseitstor 49
Hloi 34	Hripstodr 34	Imd 35	Jenseitstor-Gitter 49
Hlöll 31	Hrist 31	Imgerdr 35	Jenseitstor-Hund 49
Hlora 35	Hrist 29	Imr 6	Jenseitswächter 49
Hnoss 29	Hrisungr 6	Imsigul 34	Jenseitswald 49
Hochsitz 57	Hroarr 5	Imth 35	Jenseitswasser => Wasser 49
Hochsitzsäulen 57	Hrod 35	In 20	
Hoddraupnir 5	Hrodwitnir 5	Ingibjörg 29	Jenseitsweg 49
Hoddrofnir 5	Hrodwitnir 43	Ingibiörg 31	Johanniskraut 45
Hödur 19	Hrökkvir 6	Intuition 64	Jokul 34
Hofund 19	Hrönn 35	Inzest 51	Jokul Eisenrücken 34
Höggstari 32	Hrossthjofr 34	Irmin 20	Jörd 23
Högni 16	Hrotti 5	Irpa 29	Jomali 20
Högni 39	Hruga 28	Istwas 20	Jörmungandr 41
höhere Mächte 36	Hrungnir 5	Itrek 5	Jörmunrek 39
Holmgang => Zweikampf 55	Hrungnir-Herz 67	Itreksjod 5	Jorunn 29
	Hryggda 35	Itreksjod 20	Jötunn 6
Holunder 45	Hyria 35	Ividja 35	Jotunbjorn 6
Homöopathie 64	Hrym 34	Iwaldi 5	Julnacht 54
Honig 40	Hrund 31	Iwalt 5	**Käfer** 40
Honigtau 45	Hügelgrab 49	Iwiedie 29	Kaldgrani 34
Hönir 18	Hugin 40	**Jari** 32	Kamille 45
Horn 57	Huhn 40	Jamtaland-Zwerg 7	Kampfmagie 64
Horn (Riesin) 35	Huldar 28	Jarngerdr 28	Kannibalismus 55
Hörn 29	Hund 43	Jarnglumra 35	Kara 31
Hörn 35	Hundalfr 6	Jarnhauss 6	Karabin 34
Horn-Neb 35	Hunding 16	Jarnnef 34	Kari 6
Hornbori 32	Hvalr 6	Jarnsaxa 28	Katze 43
Hraesvelgr 6	Hvedra 35	Jarnvidja 35	Kausalität 55
Hrafnhild 35	Hvedrungr 16	Jenseits 49	Keila 34

Keiler 42	**Lachanfall** 64	Luchs 43	Miötwitnir 32
Kenningar 75	Lachen 55	Lutr 34	Mjoll 34
Kerbel 45	Lachs 44	Lyngheid 35	Modgudr 29
Kessel 57	Landgeister 36	**Magni** 19	Modgudr 31
Keule 66	Lauch 45	Malseron 34	Modi 19
Kiebitz 40	Laufey 26	Mana 35	Modrädnir 32
Kili 32	Laurin 7	Managarm 43	Modsognir 7
Kisi 34	Laus 40	Mannus 20	Mögthrasir 6
Kiste 57	Leber 63	Mardalla 27	Moin 32
Kjallandi 6	Leib 63	Marder 43	Mökkurkjalfi 6
Kjallandi 35	Leidi 34	Margerdr 35	Molda 35
Klaufi 34	Leifi 6	Margerthur 35	Mona 20
Klee 45	Leifnir 6	Mangold 45	Mond 48
Kleima 35	Leikn 35	Mantel 67	Mondul 32
Knochen 67	Leimrute 66	Mantel der Nanna 67	Moosfrau von Saalfeld 32
Knoten 64	Leiter 49	Marnar 29	Moosleute von Arntschgereute 32
Kobolde 36	Leirvör 35	Märzviole 45	
Kol der Bucklige 39	Leopard 43	Maske => Helm	Mörn 35
Kolfrosta 28	Lerche 40	Maus 44	Möwe 40
Kolga 35	Lidskialf 20	Meer 49	Mühle 66
Kopf 63	Liebestrank 70	Meer der Zeit 55	Mundilfari 6
Kormoran 40	Liebeszauber 64	Meer-Menschen 36	Munin 40
Korn 45	Lif 39	Mehlbeere 45	Munnharpa 35
Körperteile 65	Lifthrasir 39	Mehltau 45	Münze 67
Köttr 34	Litr 6	Meili 9	Muspel 6
Kraftgütel => Gürtel	Litr 32	Meise 40	Muspelheim => Feuer 52
Krähe 40	Ljod 29	Menglöd 22	
Kraka 31	Ljota 35	Menja 28	Myrkrida 35
Kranich 40	Lodin 6	Menschenopfer 64	Myrkvid 49
Kräuter 45	Lodinfingra 35	Messer 66	**Nabbi** 32
Kreppvör 35	Lodur 16	Midgard 52	Nacktheit 60
Kriegerin 62	Lofar 7	Midgardschlange 41	Nadel 55
Kreuzblume 45	Lofn 29	Midi 6	Nägel 55
Kreuzkraut 45	Lofnheid 35	Midjungr 34	Naglfar 49
Krönung 64	Logi 34	Midwitnir 6	Nain 32
Kröte 44	Loki 16	Mimir 6	Nali 32
Kuckuck 40	Loni 32	Mist 31	Namensgebung 64
Kuril 6	Lopthoena 28	Mistel 45	Nanna 21
Kult 55	Lori 35	Mistkäfer 40	Nauma (Hel) 35
Kundalini 64	Loricus 6	Mittelpfeiler => Yggdrasil	Nar 32
Kwasir 20	Löwe 43		Narfi 6
Kyrmir 6	Löwenmäulchen 45	Mittsommer 54	

Nari Loki-Sohn 19	Nyi 32	Priester 60	Ringkampf 55
Nati 6	Nyr 32	Priesterin 58	Rist 31
Naudir 36	Nyrad 32	Prolog (Edda) 77	Robbe 44
Nebel 64	**Oddrun** 31	Prophezeiung 71	Rögnir 7
Nefia 35	Odin 13/14	Pukis 36	Rose 45
Nehalennia 29	Odr 20	**Rabe** 40	Röskva 37
Neri 30	Ofoti 5	Rad 67	rot 46
Neris Schwester 30	Öflugbarda 35	Radgrid 31	rota 31
Nerthus 28	Öflugbardi 6	Radvör 35	Rotkehlchen 40
Nepr 20	Ogautan 39	Ragnar Lodenhose 39	Rücken 63
Nessel 45	Ogladnir 6	Ragnarök 55	Rud 35
Netz 67	Ogn 35	Ran 27	Rudent 6
Neuentstehung aus den Knochen 55	Ohr 63	Randalin 31	Rudi 34
	Oin 7	Randgnid 31	Runa 35
neun Heimdall-Mütter 35	Olius 32	Randgrid 31	Runen 72
	Ölwaldi 5	Rangbeinn 5	Runenkästchen von Auzon => Kiste
neun Schwestern 35	Omen 71	Rasereitrank 70	
Niblung 7	Onarr 48	Raswid 32	Runenstein 64
Niblung 39	Öndudr 6	Rätsel 76	Runenstein von Ardre 64
Nicor 34	Onn 32	Raud 34	
Nid 64	Opfer 64	Raugnir 34	Rußland-Riese 6
Nidi 32	Orakel 71	Raum 6	Rütze 35
Nidr 28	Oregano 45	Reck 32	Rygi 35
Nidud 16	Ori 32	Regenbogenbrücke 49	**Saemdill** 6
Nieswurz 45	Örnir 6		Saga 28
Niflheim => Eis 52	Ortnit 34	Regin 7	Sährimnir 42
Niping 32	Ösgrui 5	Reginleif 31	Säkarsmuli 6
Nirdir 10	Öskrudr 34	Reiher 40	Salbei 45
Niola 48	Ostara 29	Rentier 42	Salfangr 6
Njola 48	Osten 54	Riesen auf der West-Insel 6	Sam 34
Njörd 10	Otr 32		Sämingr 39
Njörun 29	Otter 44	Riesen-Baumeister 6	Sanngrid 31
Nölvi 10	Otunfaxe 39	Riesen von Feldkirchen 34	Sati 51
Norden 54	**Penis** 55		Säule => Weltenbaum 52
Nordosten 54	Perchta 28	Riesen von Lichtenberg 35	
Nordri 32	persönliches Glück 64		Saxnot 20
Nordwesten 54	Pfeil 66	Rifingalfa 35	Sceaf 20
Nori 32	Pferd 42	Rifingöflu 35	Schachtelhalm 45
Nornen 30	Pferdezwillinge 12	Rigingöflu 35	Schädelschale 63
Norr 34	Pflug 67	Rind 42	Schadenszauber 64
Norr 48	Phol 9	Rindr 20	Schaf 42
Nott 48	Polygamie 55	Ring 57	Schafgarbe 45

Schaumkraut 45
Schierling 45
Schild 66
Schlafdorn 55
Schlangen 41
Schlangenauge 63
Schlangengrube 49
Schlangenzunge 63
Schleifstein => Wetzstein
Schmetterling 40
Schmied 4
Schmied 55
Schnecke 44
Schneeweiß-Goldschöne 28
Schuh 63
Schutzgeist => Fylgja/Hamingja
Schutzzauber 64
Schwalbe 40
Schwan 40
Schwanenkleider der Walküren 40
Schweden-Riese 6
Schwein 42
Schwert 66
Schwitzhütte 64
sechsköpfiger Riese 6
Seehund 44
Seekuh 44
Seelenvogel 40
Seelenvogel 50
Segen 68
Seher 60
Seherin 58
Seidelbast 45
Seidr 64
Sel 6
seltsamer dritter Bruder 55
Sense 67

Siar 32
Sichel => Sense
sieben Schwestern 28
Siegfried 38
Sieglind 31
Siegstein 67
Sif 24
Sigdrifa 31
Sigurd 38
Sigi 39
Sigrlami 39
Sigrun 31
Sigyn 28
silbern 46
Simul 31
Sinmara 28
Sindri 32
Sinthgunt 29
Sivör 35
Sjuld 31
Skadi 20
Skafid 32
Skalden 61
Skaldatal 77
Skaldenlieder 78
Skaldinnen 61
Skalli 34
Skalmöld 31
Skadskaparmal 77
Skärir 5
Skeggiöld 31
Skidbladnir 49
Skimsli 5
Skirnir 37
Skirkjar 35
Skirwir 32
Skjalf 29
Skjalv 34
Skjellinefja 29
Skjöldr 39
Skögul 31
Sköll 43

Skorpion 40
Skrati 34
Skrymir 5
Skrimnir 5
Skuld 30
Slagfid 39
Sleggja 35
Snae 34
Snotra 29
Solbiart 5
Sohn der Freya 19
Sohn des Freyr 19
Solblindi 5
Sölfn 29
Sommer 54
Somr 5
Sonne 48
Sonnengöttin 48
Sonnenhymne 64
sonstige Magie 64
Sörli 39
Spatz 40
Specht 40
Speer 66
Sperber 40
sprechende Tiere 41
Sprichworte 74
Spindel 55
Spinnerin 55
Spiritus familiaris 36
Sprettingr 5
Stab 67
Starkad 6
Starkad 39
Stärketrank 70
Statue 57
Stein 64
Steine und Edelsteine 64
Steinigung 55
Stern 48
Sternbild 48

Sternbild 55
Stigandi 5
Storch 40
Storkvid 34
Stoverkr 34
Strahlen-Breitsame 45
Strudel 49
Struthan 34
Stumi 5
stumm 63
Süden 54
Südosten 54
Sudri 32
Südwesten 54
Surtur 6
Suttung 6
Svada 5
Svadi 5
Svaf 7
Svarangr 5
Svasudr 6
Svatr 6
Sveid 31
Sveipinfalda 35
Svidi 6
Svip 5
Svipul 31
Svivör 31
Swaf 20
Swanhild 31
Swanwit 31
Swawa 31
Swior 32
Swipdag 20
Syn 29
Syr 29
Tafl 57
Tal 52
Tamfana 29
Tarn-Kappe 67
Tarn-Umhang 67

Tasche 60	Thrungva 29	Uri 20	- in Fuchs 65
Tätowierungen 55	Thrym 6	Utgard 52	- in Geier 65
Tattoo 60	Thulur 77	Utgardloki 6	- in Habicht 65
Tau 52	Thundr 6	Ungeheur 41	- in Hecht 65
Taufe 64	Thundr 29	Utiseta 50	- in Hirsch 65
Teer 45	Thurbiörd 35	**Vagnhöftdi** 34	- in Hund 65
Telemark-Riese 5	Tiere 44	Valbrandur 5	- in Krähe 65
Telepathie 64	Tiere der Götter 44	Vali Loki-Sohn 19	- in Lachs 65
Teller 57	Tierfelle 60	Valthögn 31	- in Löwe 65
Tempel 56	Tierfelle bei	Vandil 5	- in Mücke 65
Teufelsabbiß 45	Hinrichtungen 67	Vandlir 5	- in Otter 65
Thagnar 31	Tor 49	Var 29	- in Pferd 65
Theck 32	Torfa 35	Vardrun 28	- in Rabe 65
Thialfi 37	Tote wiederbeleben	Vardrun 35	- in Rind 65
Thiazi 5	64	Vardruna 35	- in Robbe 65
Thing 73	Tragestange 67	Vasad 6	- in Schlange 65
Thiodwitnir 34	Trana 35	Vatermord 55	- in Schwalbe 65
Thistilbardi 34	Traum 71	Velle 5	- in Schwan 65
Thjodrerir 7	Traumdeutung 71	Venus 48	- in Seekuh 65
Thögn 31	Traumfrau 31	Verbene 45	- in Spinne 65
Thökk 35	Trima 31	Verdandi 30	- in Tier 65
Thor 17	Trolle 36	Vervielfältigung von	- in Vogel 65
Thora 28	Trona 35	Körperteilen 65	- in Wal 65
Thorgerdr Hölgabrudr 29	Tuch 57	Vergessenheitstrank 70	- in Walroß 65
	Tuisto 20	Verirren auf der	- in Widder 65
Thorin 7	Tuisto 33	Hirschjagd 55	- in Wolf 65
Thorir 6	Turm 56	Verr 34	- in Ziege 65
Thorn 5	Tyr 3	Verwandlung:	- in Ziegenbock 65
Thorstein Haus-Macht 79	Tyr-Riesen 5	- einer Frau in einen Mann 65	Vidblindi 5
	Udr 35		Viddi 34
Thrain 32	Uffe 39	- einer Frau in eine	Vidgreipr 34
Thrasir 6	Ulfhedinn 62	andere Frau 65	Vidgymir 5
Thrigeitir 5	Ulfrun 35	- eines Mannes in	vier Riesen-Ritter 34
Thrivaldi 5	Ullr 11	eine Frau 65	vier Stier-Riesen 34
Thröng 29	Umhang => Mantel 60	- in Adler 65	viertüriges Haus 52
Thror 7		- in Bär 65	Vifflöd 29
Thror 20	Uni 20	- in Drache 65	Vignir 34
Thror 32	Unn 35	- in Eber 65	Vikarr 6
Thorri 34	Unsichtbarkeit 64	- in Falke 65	Vilja 20
Thrud 31	Unsichtbarkeits-Stein 67	- in Fliege 65	Vindr 34
Thrudgelmir 5		- in Floh 65	Vingnir 6
Thrudr 29	Urd 30		Vingrip 34

Vipar 34
Vogel 40
Vogelsprache 64
Volkrast 7
Vör 29
Vörnir 34
Vulkan-Riese 34
Waage 64
Waberlohe 49
Wächter 49
Wafthrudnir 6
Wagen 67
Wagnhofde 6
Wal 44
Wälder =>
Weltenbaum 52
Wald-Riesin 35
Wali 19
Wali 32
Walküren 31
Walnuß 45
Walroß 44
Waltam 20
Wandteppich => Tempel
Wanen 36
Warkald 6
Warr 20
Wasser 52
We 20
Weberin 55
Wegdrasil 20
Wegerich 45
Wegetritt 45

Wegwarte 45
Weig 32
Weihung => Segen
Weinen 55
weiß 46
Weisheiten 74
Weisheitstrank 70
Weißstern 39
Weltenbaum 53
Weltesche 53
Wespe 40
Westen 54
Westri 32
Wetter 64
Wettlauf 55
Wetttrinken 55
Wetzstein 67
Wichte 36
Widar 19
Widfinnr 5
Wiedergeburt 51
Wiederholungen 55
Wiederzeugung 51
Wieland 4
Wiesel 43
Wig 32
Wigrid 55
Wili 20
Wili (Zwerg) 32
Wind (Magie) 64
Wind 52
Windalf 32
Windloni 6
Windswal 6

Winter 54
Winteranfang 54
Wirwir 32
Witr 32
Witwen-Selbstmord 51
Wolf 43
Wolfsfell 62
Wortschatz Magie 64
Wohlstandszauber 64
Wucherblume 45
Wurzel 45
Wyrd 30
Yggdrasil 53
Ymir 33
Ymis 33
Yngvi 32
Zahlen 47
Zähne 63
Zauberer 59
Zauberin 58
Zaubersprüche 68
Zeh 63
Ziegen 42
Zisa 29
Zunge 63
Zweikampf 73
zweiköpfige Riesen 34
zwei Zwerge 32
Zwerg auf dem Felsen 32
Zwergberg zu Aachen 32

Zwerge 32
<u>Zwerge</u>:
- im Berg 32
- im Gebirge 32
- Kuttenberg 32
- Untersberg 32
- Blankenburg 32
- Bonikau 32
- Dardesheim 32
- Eilenburg 32
- Elbogen 32
- Glaß 32
- Hohenstein 32
- Heilingsfelsen 32
- Nünberg 32
- Osenberg 32
- Plesse 32
- Rosenberg 32
- Selbitz 32
- Sion 32
<u>Zwerg</u>:
- Gebirge 32
- Kyffhäuser 32
- Hohenstein 32
- Dresden 32
- Hoia 32
- Lützen 32
- Ralligen 32
- Rantzau 32
- Scherfenberg 32
- Thorgau 32
Zwillinge 55